U0149115

陳福成 著

文學叢刊

神州邊陲荒蕪之島

陳福成科幻生活相片詩集

文史哲出版社 印行

國家圖書館出版品預行編目資料

神州邊陲荒蕪之島：陳福成科幻生活相片詩集
/ 陳福成著. -- 初版 -- 臺北市：文史哲出版社,
民 112.10
頁; 公分 -- （文學叢刊；476）
ISBN 978-986-314-655-1（平裝）

863.51 112017108

文學叢刊 476

神州邊陲荒蕪之島

陳福成科幻生活相片詩集

著者：陳福成
出版者：文史哲出版社
http:// www.lapen.com.tw
e-mail：lapen@ms74.hinet.net
登記證字號：行政院新聞局版臺業字五三三七號
發行人：彭正雄
發行所：文史哲出版社
印刷者：文史哲出版社
臺北市羅斯福路一段七十二巷四號
郵政劃撥帳號：一六一八〇一七五
電話886-2-23511028 · 傳真886-2-23965656

定價新臺幣五〇〇元

二〇二三年（民一一二）十月初版

著財權所有 · 侵權者必究

ISBN 978-986-314-655-1 10476

六加四的傳奇（2020 年）

作者與妻合影於蘇澳（2023 年春）

全家遊太魯閣（2023 年春）

作者與妹妹、家人合影（2023 年春節）

3 照　片

作者妹妹和家人（2023 年春節）

妹妹秀梅獲獎（2023 年）

妹妹和家人們（2023 年春）

三兄弟參加台大登山隊（2022 年春）

5 照 片

台大登山隊（2022 年）

陸官 44 期福心會，第 19 年第 58 次餐敘。

上圖：福心會參觀（2021 台大杜鵑花節）

下圖：參加台大春節團拜（2023 年 1 月 31 日）

上圖：作者卸任台大退聯會理事長（2016年春）

下圖：長青兄弟，50多年了。

上圖：文藝雅集，台大醫院國際會議中心
（2021 年 11 月 26 日）
下圖：大人物詩友群像

台大教官聯誼會，至少 15 年了。

台大志工聯誼會，已 20 年。

中庸學會（2022 年）

聯誼餐會於台北國軍英雄館（2023 年 6 月 18 日）

序詩

宇宙洪荒
是誰在推動旋浮奔馳的力道
掀起超神的浪濤
在銀河系中心
神之州邊陲
大海之底
舉起一座島
如一塊地瓜之形
又似飄葉之輕
億萬年來

漂浮著
浮浮沉沉
到處漂移
忽而向東漂
又忽而向西靠
或北漂
忽而又南進
卻在下沉中
從它誕生以來
都在我眼前展演它的荒蕪

或進化
或繁榮
成住壞空
生住異滅輪迴中

我靜坐書房
沈思、冥想
或入定
把肉體放下
神遊三千大世界
看宇宙大爆炸
巨星殞滅
山頭崩倒
觀天下興亡
神之州邊陲之島

榮景後又沈淪
成為荒蕪之島
我從書房看出
一清二楚
我振筆疾書
記下
荒蕪之島在神州邊陲浮沉
又演化成為一座
惡魔島

眼見是證
多麼神奇的
我見證島之繁榮
又清楚的見證島之沈淪
島之荒蕪漂流

因島之領導階層
皆各型妖魔
或不倫不類
不男不女之人妖
建立許多東廠、西廠
統治著島上眾生
而島上被統治的人類
也都中了妖魔胎毒
人類乃退化
成了類人
全島被妖魔化的結果
乃成惡魔島
荒蕪著
失去了龍族的文明文化

這是什麼世代
什麼世界
我想著、寫著
欲記下這島上妖魔
犯下的罪惡
我傷腦筋
我頭疼欲裂
我快發神經了
是否也得了
精神病
我疲憊
我昏昏入睡
恍神中
是過了幾個世代嗎？
到了不同世界嗎？

還是我活在科幻中
或是我太緊張的關係？
不行！
暫時不要去想惡魔島的事
管他妖女魔男
管他人妖不倫
管他類人
還是人類
先讓自己輕鬆一下
出去散散步
醒醒腦筋

我的書房
就在公館蟾蜍山下
每日寫作都和蟾蜍山

相看兩不厭
近午時分我走出書房
到公館散步
幾分鐘就到公館街上
很訝異
我竟沒看到半個人影
連個鬼也沒
真是見鬼了
公館任何時候都是人潮
怎麼今日成了空城
這不可能
定是我自己的問題
神經、視覺
或自己夢遊……
我做個深呼吸

確定自己清醒
清醒的活著
我走故我在
我思故我確定在
仔細看看四周
建築物有新有舊
商家門有開有關
路旁有車
就是沒有人影
我隱約中
似有很多人影漂浮
定神一看
卻什麼也沒有
我滿肚子疑惑

我再轉入台大校園
校園每天都熱鬧
或許可以有人
有人就有答案
我從正門進
沿椰林大道走
到文學院、行政大樓……
走到總圖
又到醉月湖走一圈
我疑惑更大
竟也沒看到任何人跡
這太反常了
雖說天天有死人
但也不可能
全公館、全台大校園

一下人死光光
太詭異了
無法解釋
難道發生什麼瞬間滅絕事件
但生物滅絕
必有屍體留下
公館地區少說有幾萬人
就有幾萬屍體
決定擴大範圍
再看看
一定能找出答案
或線索亦可

我沿著新生南路向北走
仔細看兩側街景

也沒人影
建物有新有舊
也有很多已成廢墟
各類商家門有開有關
就是沒人
經過大安森林公園
平時也多人潮
現在不僅沒人
也顯破舊的感覺
像長年無人管理
無法解釋的現象
太不可思議
難道全城剩我一人
這是不可能的

我再沿信義路走到
中正紀念堂
街景都一樣
信義路兩側都是黃金地段
人潮不斷
如今也是空城
無一人在
鬼也沒有一個
而中正紀念堂更為破舊
像很多年沒有維護
蔣公銅像也沒了
此時我想到一個地方
位在凱道的
大統領府
這裡是統治機關

妖魔首領在此
發號司令
或許答案就在這裡
意外的是
當我走到凱道發現
整個博愛區
沒有一個人影
鬼也沒一個
部分建物很破舊
有些已成廢墟
統領府也是廢墟
一切都無法解釋
我像孤魂般走著
突然，眼前
「北一女中」四個大字吸引我

此時已近黃昏
我一身疲困
想進去看看找水喝
建物雖舊依然完整
就是沒人
我走進第一間教室
在第一排椅子坐下
抬頭看前方
赫然發現
黑板旁的日曆掛的時間
二〇三五年元月一日
我心頭一震
冒出冷汗
我心中似乎有了答案
瞬間又一頭霧水

我拖著疲憊的腳步
沿羅斯福路走回我的書房
路上皆無人
無其他生物跡象
我強迫自己冷靜思考問題
沒有戰爭
不可能全城人死光
而獨留我一人
這違反科學
也不可能
所以問題出在我自己
我眼見島之荒蕪
成了惡魔島
整天活在科幻中

故所見
都是假像（相）
或我神經錯亂
也說不定
但教室前日曆掛著
二〇三五年元月一日
又做何解釋

而全城人死光光
唯我獨活
更是不可能
除非……或者是……
我計畫明天走更遠查看
是否全島如是……

附記

神州邊陲之南蠻小島，難脫因果的死結，總在海面上如一片飄葉般，漂來漂去，成了無根又荒蕪之島。如今在台獨偽政權之專制腐敗統治下，滿街東廠西廠，滿朝妖魔鬼怪或不男不女之人妖。面對這樣的黑暗時代，只好把那人妖妖魔等當空氣，自己活在科幻中，這是一個黑暗又科幻的時代。

本書將近年來生活照片分十五個主題：六加四、家庭、家族、台大登山會、陸官福心會、台大春節團拜、懷念長青、台大退聯會、文藝之旅、大人物詩友、台大軍訓教官、台大秘書室志工、中庸學會、復興崗師友與其他。共三百多張照片，每張提詩或背景說明。

順帶一提，本書作者著、編、譯所有出版品（如書末列表），均放棄個人所有權；贈為中華民族文化公共財，任何出版單均可自由印行，嘉惠炎黃子孫。

台北公館蟾蜍山萬盛草堂主人　**陳福成**　誌於

佛曆二五六六年　公元二〇二三年七月

神州邊陲荒蕪之島
——陳福成科幻生活相片詩集

目 次

照 片……一
序 詩……一一
第一輯 黃昏六加四……三三
聽 夢……三四
妳的眼神（一）……三五
妳的眼神（二）……三六
奇 襲……三七
磁 場……三八
台客使命……三九
基哥使命……四〇
我的使命……四一
俊歌有佛助……四二
緣 聚……四三
彭哥的文化出版事業……四四
明朗健康中國……四五
為什麼笑得出來……四六
心 燈……四七
愛在其中……四八
團結抗敵……四九
科幻如夢……五〇

痕　跡……………五一
歲月的作品…………五二
無價的真……………五三
我們都愛過…………五四
以酒抗敵……………五五
酒殺菌又殺敵………五六
彈吉他殺敵（一）……五七
彈吉他殺敵（二）……五八
以詩殺敵（一）………五九
以詩殺敵（二）………六〇
以詩殺敵（三）………六一
以詩殺敵（四）………六二
無敵於天下（一）……六三
無敵於天下（二）……六四
美女尊敬的山………六五
不設終站……………六六
信義出版第六本書（一）……六七
信義出版第六本書（二）……六八

第二輯　這輩子一家人

第二輯　這輩子一家人……六九
《金剛經》說…………七〇
貼心的孩子…………七一
可以偷笑……………七二
玩……………………七三
沒關係………………七四
日月潭………………七五
想　像………………七六
混出名堂……………七七
阿爸食堂……………七八
有夢最美……………七九
距　離………………八〇
星星好美……………八一
所　以………………八二
凡事有利弊…………八三
再說距離……………八四

等　待（一）……八五
等　待（二）……八六
等　待（三）……八七
等　待（四）……八八
又見老牛……八九
妻大學畢業……九〇
第三輯　親情最牽掛……九一
妹妹是人間菩薩……九二
姊　妹……九三
不亦樂乎……九四
繁　榮……九五
來看證據……九六
清水日子（一）……九七
清水日子（二）……九八
時間是吃人的……九九
牽手走過紅塵……一〇〇
舅公之旅……一〇一
不可小看……一〇二
小帥哥……一〇三
大美女……一〇四
兩個才女……一〇五
你們的時代……一〇六
紙本和雲端……一〇七
曦曦CC（一）……一〇八
曦曦CC（二）……一〇九
津津進身偉人……一一〇
找尋童年的記憶（一）……一一一
找尋童年的記憶（二）……一一二
找尋童年的記憶（三）……一一三
童年相思……一一四
鮭魚洄游……一一五
遇見老友……一一六
倏　的……一一七
四個老友……一一八

三兄妹一輩子……一一九
路復國同學……一二〇
你予有功焉……一二一
抱著希望……一二二

第四輯　台大登山會

……一二三
三兄弟……一二四
會長發紅包……一二五
紅包的價值……一二六
可以安身立命的地方……一二七
不會飛的白鷺鷥……一二八
白鷺鷥的獨白……一二九
休息一下……一三〇
白鷺鷥之悟……一三一
假如是真的……一三二
白鷺鷥的溫情……一三三
為何封口……一三四
五老自畫像……一三五
貴人俊歌……一三六
俊歌的春秋大業……一三七
嘉明湖……一三八
向前行……一三九
山林中有寶……一四〇
無情開示……一四一
在此遇見佛……一四二
一幅畫……一四三
行軍步伐……一四四
山爬人……一四五
無字天書……一四六
信義兄長……一四七
LOVE……一四八
微笑向前看……一四九
今天同路人……一五〇
等　車……一五一
是什麼……一五二

同路人……………………………………一五三
走到這裡…………………………………一五四
怎樣成為作家（一）……………………一五五
怎樣成為作家（二）……………………一五六
怎樣成為作家（三）……………………一五七
怎樣成為作家（四）……………………一五八
遇到絕色…………………………………一五九
妻的高峰…………………………………一六〇
無題之歌（一）…………………………一六一
無題之歌（二）…………………………一六二
無題之歌（三）…………………………一六三
無題之歌（四）…………………………一六四
無題之歌（五）…………………………一六五
無題之歌（六）…………………………一六六
一路笑到底………………………………一六七
向山學習…………………………………一六八
依然挺立…………………………………一六九
同路的證據………………………………一七〇
第五輯　陸官44期福心會……………一七一
劉建民同學………………………………一七二
周立勇學長………………………………一七三
風花雪月…………………………………一七四
預備班十三期……………………………一七五
童榮南同學………………………………一七六
戰略態勢…………………………………一七七
作戰地區分析……………………………一七八
八百協會…………………………………一七九
向妖魔抗議………………………………一八〇
島上妖魔太多（一）……………………一八一
島上妖魔太多（二）……………………一八二
參觀造反聖地（一）……………………一八三
參觀造反聖地（二）……………………一八四
給我們一片江山…………………………一八五
一切都會老………………………………一八六

陳報國同學……一八七
三　公……一八八
路復國同學……一八九
正統與非正統……一九〇
台中看老同學……一九一
科幻生活……一九二
金克強學弟……一九三
三官部與英雄館……一九四
到北京餐敘……一九五
站在這裡宣誓……一九六
消滅惡魔黨（一）……一九七
消滅惡魔黨（二）……一九八
光陰的旅行者（一）……一九九
光陰的旅行者（二）……二〇〇
光陰的旅行者（三）……二〇一
好　友……二〇二
第六輯　台大春節團拜……二〇三
退聯會與孫校長……二〇四
校園碰到管校長……二〇五
《大學的脊樑》……二〇六
孫震校長……二〇七
楊泮池校長……二〇八
陳維昭校長……二〇九
李嗣涔校長……二一〇
大學有脊樑……二一一
都退休了……二一二
退聯會與管校長……二一三
小王國……二一四
守住一片天……二一五
老夫頓悟……二一六
第七輯　長青一生一世……二一七
長青的搖籃……二一八

此情此景……………………………………二一九
百年不見友誼不變……………………………二二〇
光陰啊你是誰…………………………………二二一
退休生活………………………………………二二二
讓時間不走……………………………………二二三
追夢人…………………………………………二二四
回不去了………………………………………二二五
不要把美夢打破………………………………二二六
當黃昏來臨……………………………………二二七
典藏美麗………………………………………二二八
虞義輝（一）…………………………………二二九
虞義輝（二）…………………………………二三〇
我是玩真的……………………………………二三一
這輩子…………………………………………二三二
拿錯了兵器……………………………………二三三
預備班13期……………………………………二三四
正史與野史……………………………………二三五
最後的同學會…………………………………二三六

第八輯　台大退休人員聯誼會

……二三七
理事長樂團……………………………………二三八
歲月說法………………………………………二三九
會員同樂………………………………………二四〇
神　話…………………………………………二四一
台大好混………………………………………二四二
三個理事長……………………………………二四三
孤・寡…………………………………………二四四
可可托海的牧羊人……………………………二四五
為何相聚………………………………………二四六
山　頭…………………………………………二四七
別相信神話……………………………………二四八
跳一支舞給老大看……………………………二四九
驀然回首………………………………………二五〇
忘了年月………………………………………二五一
當我們同在一起………………………………二五二

我們慶幸……………………………二五三
東西南北彼此……………………二五四
我們在這裡遛……………………二五五
先行者沙教授……………………二五六
山也複雜了………………………二五七
我們太落伍了……………………二五八
汝心荒蕪（一）…………………二五九
汝心荒蕪（二）…………………二六〇
草　民……………………………二六一
陳公移山…………………………二六二
向列祖列宗報告（一）…………二六三
向列祖列宗報告（二）…………二六四

第九輯　文藝之旅……………………二六五
二〇二〇文藝雅集（一）………二六六
二〇二〇文藝雅集（二）………二六七
二〇二〇文藝雅集（三）………二六八
二〇二二文藝雅集（一）………二六九
二〇二二文藝雅集（二）………二七〇
文字是詩人的夢中情人…………二七一
感覺對味…………………………二七二
文字難馴…………………………二七三
寫詩之樂（一）…………………二七四
寫詩之樂（二）…………………二七五
寫詩之樂（三）…………………二七六
寫詩之樂（四）…………………二七七
寫詩之樂（五）…………………二七八
一片悠雅的雲（一）……………二七九
一片悠雅的雲（二）……………二八〇
釀酒的石頭（一）………………二八一
釀酒的石頭（二）………………二八二
青溪講詩…………………………二八三
多鹽的詩…………………………二八四
劉焦智……………………………二八五
張默和辛牧………………………二八六

觀自在綠蒂……………………………二八七
總司令向明……………………………二八八
第十輯 大人物詩人群……………二八九
解 放………………………………二九〇
夢與醒………………………………二九一
大人物………………………………二九二
《芋頭史記》…………………………二九三
花和美女……………………………二九四
歐大講36計…………………………二九五
講道商范蠡…………………………二九六
人生雲雨……………………………二九七
我們喝酒……………………………二九八
破除孤………………………………二九九
目的和價值…………………………三〇〇
老在一起（一）……………………三〇一
老在一起（二）……………………三〇二
老在一起（三）……………………三〇三
老在一起（四）……………………三〇四
老在一起（五）……………………三〇五
老友范揚松…………………………三〇六
第十一輯 台大教官聯誼會………三〇七
溫馨小天地…………………………三〇八
小暖爐………………………………三〇九
不忘初心（一）……………………三一〇
不忘初心（二）……………………三一一
不忘初心（三）……………………三一二
不忘初心（四）……………………三一三
不忘初心（五）……………………三一四
陳國慶………………………………三一五
新樂園………………………………三一六
第十二輯 台大秘書室志工聯誼…三一七
信義學長當班………………………三一八
信義當選志工隊長…………………三一九
當志工和寫詩………………………三二〇

豐富生活……三二一
因緣在此歇腳……三二二
大窄門……三二三
坐在這裡的感覺……三二四
我們也在浪潮裡……三二五
朕……三二六
志工領獎……三二七
在造反聖地當志工……三二八
第十三輯　台北市中庸實踐學會……三二九
性……三三〇
君子小人……三三一
中庸的大缺點……三三二
中間是避風港……三三三
詩不能中間……三三四
友　誼……三三五
這裡有光……三三六
第十四輯　復興崗師友會……三三七
林恒雄何許人（一）……三三八
林恒雄何許人（二）……三三九
自然就是美……三四〇
人生如夢……三四一
林恒雄何許人（三）……三四二
林恒雄何許人（四）……三四三
說好下輩子……三四四
林恒雄何許人（五）……三四五
神遊中國……三四六
老將軍的用錢哲學……三四七
王定華將軍……三四八
銀子留住歲月……三四九
惡魔島過日子……三五〇
現在在哪個天（一）……三五一
現在在哪個天（二）……三五二

第十五輯　補餘與其他……三五三
台客參加佛光會……三五四
我們都皈依了……三五五
我們能供養什麼……三五六
因緣跑掉了……三五七
想念佛……三五八
皈依三寶……三五九
小小暖爐……三六〇
湖光山色……三六一
緣　起……三六二
這些年……三六三
陳若曦大姊……三六四
陳若曦何許人（一）……三六五
陳若曦何許人（二）……三六六
陳若曦何許人（三）……三六七
《文訊》40週年……三六八
台大退聯會老友……三六九
中國藏頭詩……三七〇
十八顆梅花……三七一
台大登山會……三七二
44期老同學……三七三
全統會……三七四

第一輯　黃昏六加四

幸好
在這惡魔島上
還有一口
暖爐
我們按時相聚
取暖
保持體溫
維持身心靈平衡
否則眞要去跳
太平洋

聽　夢

聽啊
夢在呼喚
二〇二三年春節到了
大家來取暖
彭哥發紅包
這是溫暖的夢境
每年都要注意聽
美夢在呼喚
來取暖

妳的眼神（一）

一展
妳的眼神
看出一片汪洋
我在這海裡
航行
如詩之纏綿
眼神裡
散發一股
暖意

妳的眼神（二）

妳把眼神
藏起來
我依然能
解讀妳的心跳
妳用心跳
呼喚我
我來了
送妳暖暖紅色

奇襲

光天化日下
奇襲
沒有引爆新聞
沒有爆發世界大戰
僅點燃一口
暖爐
愛的溫火
瞬間上升

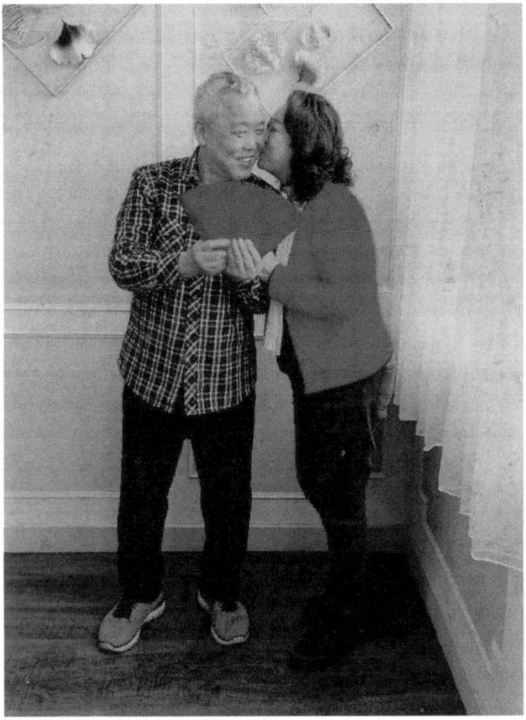

磁場

兩個磁場
都是紅色的
因此相吸
並點燃一口暖爐
在爐邊取暖
才有精神
批判惡魔島上
妖魔鬼怪

台客使命

我們都是
惡魔島上的
台客
心情好罵妖女
心情不好罵魔男
領了紅包
心情超好
痛罵
妖女魔男

基哥使命

基哥最痛恨的是
綠營的
妖魔鬼怪
就是這些非人
把寶島搞成
惡魔島
因此基哥的使命
領了紅包
斬妖除魔

我的使命

我是千秋史官
我一路走過
夏商周秦漢三國兩晉
南北朝隋唐五代
宋元明清至今
記下所有的大壞蛋
痛批所有的
妖魔鬼怪

俊歌有佛助

俊歌說
那些深綠
在他面前都不敢說
因為一瓶高粱下去
顏色都淡了
難道酒能
斬妖除魔
或俊歌有
佛助力

緣聚

定是前輩子
我們簽了合約
約定
今世相聚
相聚又種好因緣
來世必將出現
幾對夫妻

彭哥的文化出版事業

說一件叫你不敢相信的事
中國五千年文明文化
所有朝代
三皇五帝夏商周
秦漢至今
都在他的店裡
你不敢相信嗎？
去文史哲看看

明朗健康中國

我深研台客一生的
文學大業寫成
《明朗健康中國》
此書一出
世界紙貴
台客拿大紅包謝我
我用此錢
為六加四
創造三世因緣

爲什麼笑得出來

生活在
惡魔島上
為什麼笑得出來
因為我們心中
充滿正能量
故能笑傲惡魔島
笑死那些
妖女魔男

心燈

每一朵微笑
都是一盞
明亮的心燈
可以照亮天下
因此
多一盞心燈
惡魔島上
少一點黑暗

愛在其中

愛之神
真是太神了
一張相紙裝不下
一枝拙筆寫不出
你定能會意
愛在其中
能將黃昏
揮灑成青春

團結抗敵

是誰在我們臉上
刻下痕跡
是誰染白了
你的秀髮
這可惡的敵人
我們得團結
團結在一起
才能抗敵

科幻如夢

人生要面對許多惡魔
例如你現在住在
神州邊陲之
惡魔島
光陰也是一隻
大惡魔
想要過快樂日子
要把生活科幻化
人生如幻如夢

痕跡

凡走過
必留下痕跡
每條路
都是用心走出來的
就算如夢如幻
也多麼的深刻
如金石

歲月的作品

歲月是何許人
定是雕刻家
他老人家
用數十年歲月
成就一件作品
現在拿出來
給你欣賞

無價的眞

褪去一件件
名牌外皮
浮華的外衣
也丟了
過著平實的生活
平實存真
真，是無價

我們都愛過

那一條
人生必經之路
愛
我們都走過
驚動三教或
平淡如水
都無怨無悔
因為愛

以酒抗敵

外面的世界
有太多的敵人
島上盡是
妖・魔・鬼・怪
要怎麼過日子
辦法是
以酒抗敵
酒殺菌又殺敵

酒殺菌又殺敵

在惡魔島上
妖魔鬼怪太厲害了
眾生怎麼過日子
魔高一尺
道高一丈
我們知
酒殺菌又殺敵
所以今天
我們相聚喝酒

彈吉他殺敵（一）

惡魔島上敵人多
除了妖女魔男
人妖鬼怪
尚有不滿
孤獨寂寞
或可能的戰火
怎麼辦？
我們彈吉他殺敵

彈吉他殺敵（二）

彈吉他
真的可以殺敵
我吉他的功力
超越了
《六指琴魔》
的功力
你說
這是科幻嗎？

以詩殺敵（一）

我研究我們中國
十大兵法家
孫子、吳起、尉繚
姜太公、李衛公
黃石公、司馬穰苴
孫臏、孔明
鬼谷子
他們為何成為大兵法家？

以詩殺敵（二）

是啊，他們
為何成為大兵法家？
因為他們以
詩意佈局戰略
以詩意殺敵
他們的詩意
天馬行空
如夢如幻

以詩殺敵（三）

當你成為
天馬行空
誰能算計你
當你
如夢如幻
誰能捕捉你
你說
這是科幻嗎？

以詩殺敵（四）

我得到一個結論
大兵法家的思維
如詩，因此
其戰略如幻
戰術如夢
其人又如詩
乃能成一大家

無敵於天下（一）

那些歷史上
無敵於天下的
戰神
如兵聖孫子
亞聖吳起
兵仙韓信
他們為何
無敵於天下？

無敵於天下（二）

是啊，他們
為何無敵於天下
從無敗仗
因為他們人
無形無影
如詩如科幻
故天下無敵

美女尊敬的山

古今之絕色
傾國傾城
足可令一座山頭
瞬間崩倒
但須彌山
是宇宙之中心
故成美女
尊敬的山岳

不設終站

我們歷史不算久
但鐵定會久久長長
因為六加四
如小詩之美
似小暖爐之可愛
初心不忘
萬物有所終
我們不設終站

信義出版第六本書（一）

二〇一四年九月
信義兄長出版第一本書
《所見所聞所思所感》
之後再出版
《芝山雅舍》
《健群小品》
《歲月行腳》
《歲月留痕》

信義出版第六本書（二）

到二〇二三年五月
出版第六本
《行腳留痕》
不到九年間
有六本書出版
凡走過必留下痕跡
你以文學行腳
必將嘉惠代代子民

第二輯　這輩子一家人

一家人
不是科幻
是實在的存在
但從長遠看
百年也是
如夢如幻
千年萬年
更是科幻

《金剛經》說

難怪佛言
一切有為法
如夢幻泡影
如露亦如電
應作如是觀
但當下
我們要過日子
得一天一天過

貼心的孩子

這貼心的孩子
與我
尚有另一層關係
我們都是
台大人
上進的學生
貼心的孩子

可以偷笑

活在這座
惡魔島上
還能夠
維持一家人
出來玩玩
可以偷笑了
比上不足
比下有餘很多

玩

他們都愛玩
我陪公子讀書
當然
我也愛玩
世上誰不想玩
人人都在玩
只是我玩的
他們不懂

沒關係

我玩的
他們不懂
沒關係
我偶爾
陪著玩玩
也可以找到
如夢如幻的寫作
靈感

日月潭

這是第幾回了
從民國56年
算起
每一回都在這裡
刻下深深的
腳印
如今重遊舊地
痕跡仍在

想像

拿一把扇子
想像自己就是
楚留香
帶著紅袖
在江湖上混
我現在的日子
比楚留香
好混多了

混出名堂

說到混日子
說實在
我不是混的
退休至今24年了
寫了快
一百八十本書了
人生要混
就混出名堂

阿爸食堂

老夫堅定的坐在
自己的世界
傳統而古老
對現代流行
睥睨視之
我只想
守住我的世界

有夢最美

為什麼說
有夢最美？
因為夢境總在
迷濛間
如果成為現實
實況必有缺
有問題
就不美了

距離

夢與現實的距離
很遠很遠
越遠越美
所以美感的產生
是距離
如果沒有距離
就沒有美感

星星好美

夜晚的星星好美
因為距離很遠
給人美感
和想像
如果星星每天與你
一起混日子
就一點都不美

所以

所以囉
人與人之間
保持一些距離
是必要的
不論什麼關係
沒有距離
遲早會出
禍事來

凡事有利弊

世間一切事
都有利弊兩面
例如當官
或不當官
我未「成公」
雖有失落感
但也
無孫一身輕

再說距離

人與人之間的距離
拉成了夢與現實
如星星之遙遠
也不好
到底距離多少
不可說
因為這是
甚深微妙的藝術

等待（一）

等待
總是寂寞
就出來玩玩
玩也等待
等待鯉魚潭的魚
飛出來
對我
嫣然一笑

等待（二）

有時候
等待光陰的流失
等個十分鐘
也覺很久
有如等待
一片悠雅的雲
給你擁抱
為你圓夢

等待（三）

我們都在等待
等待更好的時代
從天而降
例如這惡魔島
回復
地瓜島的清淨
和善良

等待（四）

不知為何
眾生都在等待
樹木等待長高
孩子等待長大
一切眾生
終必等到一個機會
獲得簽證
移民新世界

又見老牛

這位牛哥
守著木柵茶園
一方綠意
幾十年了
孤獨寂寞啊
我和妻常來看牠
與牠聊聊
為牠解悶

妻大學畢業

妻很上進
身兼多職
又忙著讀大學
終於畢業了
她的學習精神
是她所在職場
許多人的
典範

第三輯　親情最牽掛

這輩子
最牽念的情
就是親情
看到她們枝葉繁榮
家家和樂
幸福美滿
我就放心了

妹妹是人間菩薩

小妹說
她生來就是要為人服務的
由於這種精神
她常受各種表揚
她是吾家菩薩
也是人間活菩薩
以她為榮

姊妹

我這兩個妹妹
她們的好
如太平洋之水
無量
她們兩家住在一起
兩家三代吃喝玩樂
也在一起
好好的因緣

不亦樂乎

在天地之間玩
玩天地
看這景像有
〈天地都在我心中〉
那種感覺
不論誰看
也感受內心的喜悅
願他們永遠
平安快樂健康

繁榮

何謂繁榮？
這就是繁榮
如天上的繁星
個個明亮又快樂
廿一世紀
是中國人的世紀
在此
得已證實

來看證據

東洋倭人
曾經竊佔這塊寶地
時間久了
大家都忘了
所以今天
二老
帶兒孫來看證據

清水日子（一）

我過日子
是一湖清水
水清見底
仍有少數欣賞我的魚兒
與我同在湖裡
游來游去
悠游自在

清水日子（二）

我的一湖清水
自成一個世界
遠離惡魔島
妖魔的黑
被我的清水
淡化
只剩清淡的
圈圈漣漪

時間是吃人的

曾幾何時
地瓜島成了
吃人的惡魔島
但我發現
一隻更可怕的妖獸
牠專業吃人
吃遍眾生
牠名叫時間

牽手走過紅塵

夫妻牽手一輩子
年輕時
走過繁華大道
現在常走鄉間小路
紅塵顏色多
各有所愛
也仍在
同一條路上

舅公之旅

二〇二三年春節
舅公之旅
有一個重頭戲
要發七個紅包
淮毓、淮寧、佑弦
巧欣、曉瑄、曉湉
曉忞，他們是誰？
他們是
國家未來的主人翁

不可小看

星星之火
很可能壯大
佔領一片原野
小孩很快長大
可能會當領導
決定兩岸
要和平
還是要打架

小帥哥

不知道他
長大會做什麼？
反正不是領導
就是被領導
有其父必有其子
他應該有自己的
一片天空

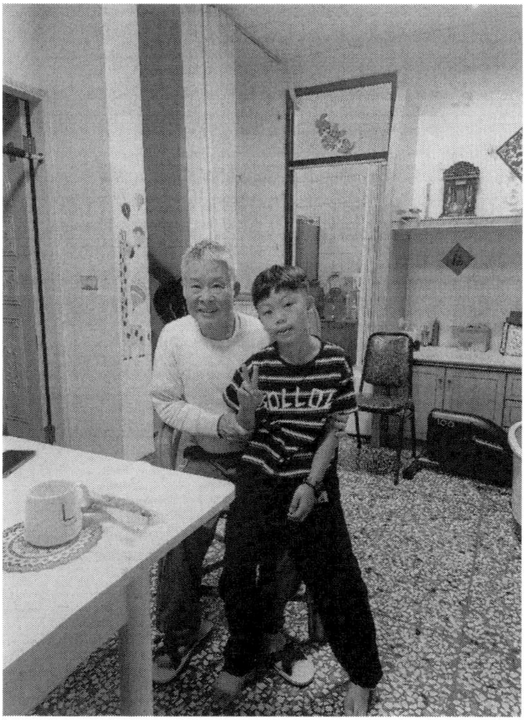

大美女

妳長大
一定是個大美女
美
是老天爺給的大資本
妳要好好揮灑
以妳的美
美化人生
美化社會

兩個才女

妳們兩個長大
會是才女
很有學問的女生
例如詩人作家
或「會叫的野獸」
舅公的學問已夠大了
妳們一定是大大的
超越舅公

你們的時代

時代
有如一個逃亡者
我的時代
逃得無影無蹤
現在是
你們的時代
我靜觀
你們的揮灑

紙本和雲端

當妳們也老了
假設二〇八三年好了
妳們要到雲端
找回舅公的記憶相片
絕對找不到
但妳們去圖書館
找這本書
記憶如新啊

曦曦CC（一）

曦曦
小名又叫CC
妳一出生
就急著張開眼睛
這時妳看到的世界
不黑不白
無善無惡
是渾沌初開

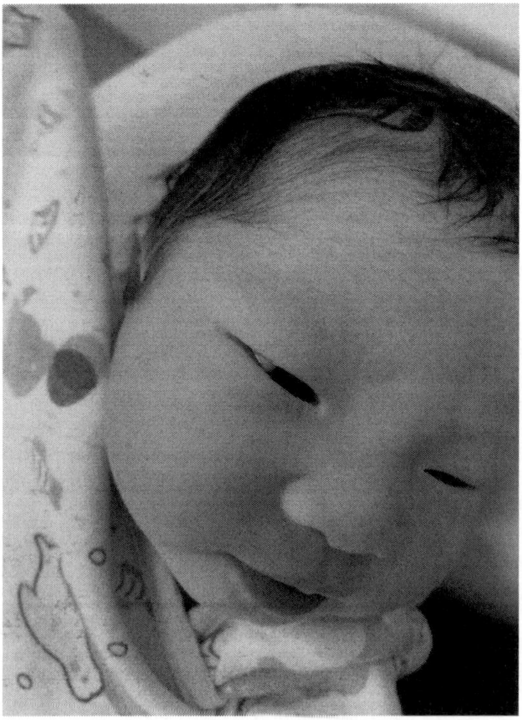

曦曦CC（二）

CC
妳是第八個
叫我舅公的外孫女
妳我相距
72年
當妳到了我這年紀
就快看到
22世紀的太陽

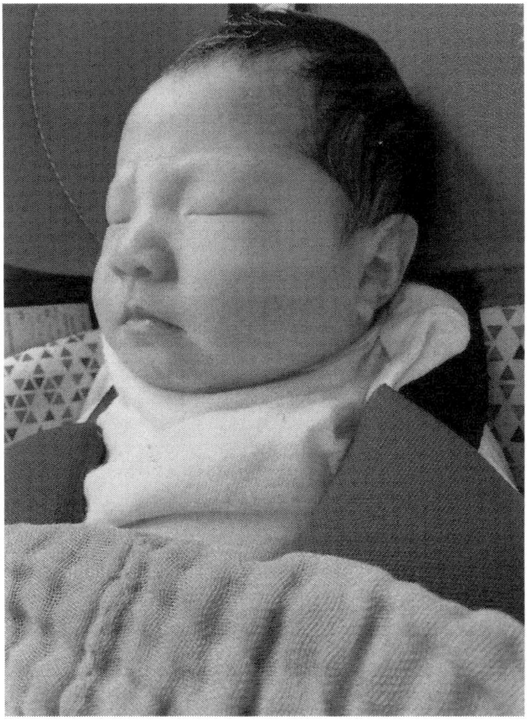

津津進身偉人

偉大二字
除了用於偉人
也用在形容媽媽
而為母則強
當了媽媽就變成強人
津津終於昇華成
偉人兼強人

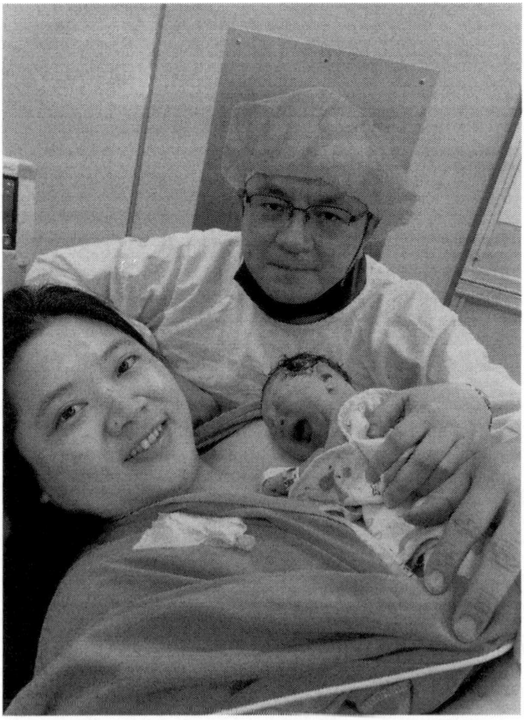

找尋童年的記憶（一）

經過半個多世紀
大南國小的記憶
像瀕危動物
快被時間
殺光了
我回來搶救
只捕捉到一片
淡淡的雲彩

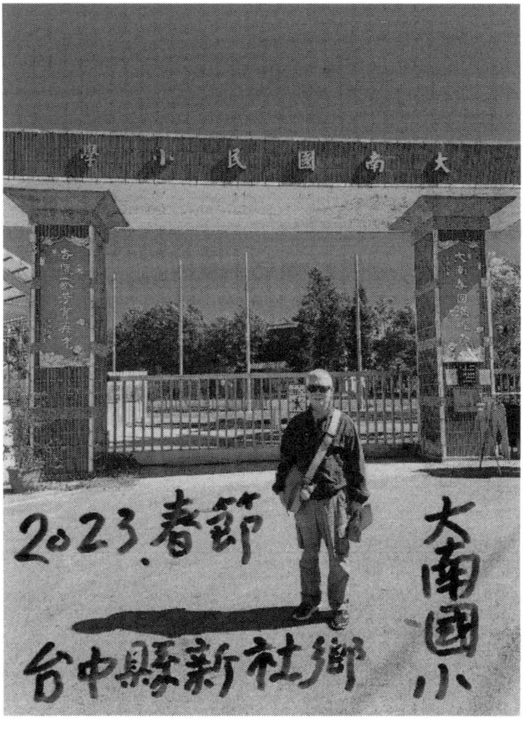

找尋童年的記憶（二）

捕捉到的
只是一片空空
雲彩，其他
人事全非
平房教室也已轉世
成了大樓
每個物件
如陌生的路人

找尋童年的記憶（三）

當年的景物
全都轉世了
發現種苗繁殖場
一片古牆
還認識
親切閒聊後
照一張相
流傳後世

童年相思

童年已乘長江水
流向東海
一去不回了
還老想著
要捕捉童年
這不是相思嗎
再相思童年
青山也想白了

鮭魚洄游

鮭魚四海為家
但牠們長大
老了
也要洄游
游向原鄉
好捕捉童年
一片回憶
人生才算完成

遇見老友

終於遇見一位老友
它是一棵老樹
大家相見歡
照相留念
60年前它好年輕
如今它也老了
它也相思著
它的童年嗎？

倏的

倏的來
一陣潮
潮來在心頭湧動
心頭有事
就是手機有事
留下這美麗的身影
供歷史考證

四個老友

老樹啊
想當年我們在
你樹下玩
躲貓貓
那是快樂的童年
如今我們一起變老
有老伴老友
真是好

三兄妹一輩子

前世一定是
種了好因緣
才有我們這一輩子
我們這輩子
值得啊
從一無所有
至今該有都有

路復國同學

二〇二三年春節
舅公之旅
順便約
老同學路復國
在大雅一個餐廳小聚
片中七人
珍貴的身影
應是史上的唯一

你予有功焉

因為有你
使現在十五億
中國人口增加一人
為廿一世紀
中華民族之壯盛
貢獻一分力量
你予有功焉

抱著希望

天邊彩雲不論多美
都不如手上
抱著小小的希望
希望雖小
以後會變出
大大的成果
有功於
國家民族社會眾生

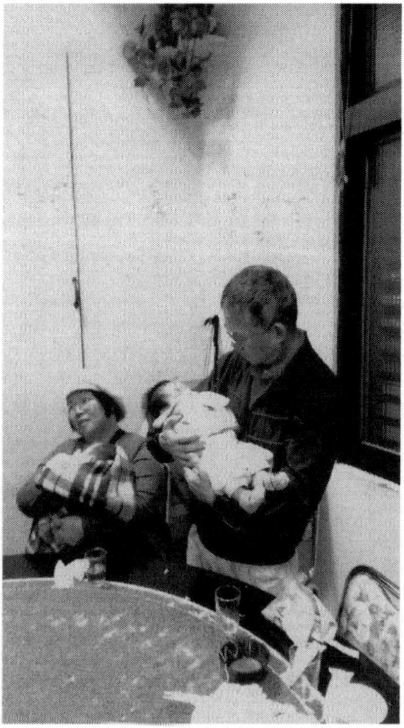

第四輯　台大登山會

生活在惡魔島上
要快樂過日子
不能老想著
惡魔島上那些壞事
把惡魔當空氣
不存在
然後
過自己的日子
或跟著
台大登山會走走

三兄弟

我們是沒有血緣關係的
三兄弟
我們一起走過神州大地
一起皈依星雲大師
一起在台大當志工
一起參加登山會
一起參加許多活動
這輩子
我們始終會在一起

會長發紅包

惡魔島上這個
造反聖地
也有很可愛的地方
例如勤於爬山的會員
每在春節後第一次登山
由會長親自發紅包
很可愛吧
台大登山會

紅包的價值

登山會長頒我一紅包
意義重大
代表我身體健康
也代表我樂群
所以這紅包
價值連城啊
有如在火車站前
有一塊地

可以安身立命的地方

這輩子
身為革命軍人
從未想過與台大結了
深厚的因緣
退休後
還是台大人
可以參加台大活動
真是安身立命的地方

不會飛的白鷺鷥

沒有看到一隻
會飛的白鷺鷥
倒看到一群
至少五六十隻
學歷也很高
不會飛的白鷺鷥
他們因為寂寞
來找同類
聊八卦解悶

白鷺鷥的獨白

沿著綠色步道
白鷺鷥們
用腳
慢慢的飛
我們也有翅膀
只有在發揮
想像力時
才會突然長出來

休息一下

白鷺鷥們
不飛
用走的
感受大地的愛
走到這裡
休息一下
為走更遠的路

白鷺鷥之悟

白鷺鷥們
在山上思考問題
我們為什麼不會飛？
遇見佛
就明心見性了
眾生平等
飛與不飛
只是工具運用不同

假如是眞的

如果是真的白鷺鷥
該有多好
管他是統是獨
又聞說
惡魔島快沈了
沈就沈了
反正我們會飛
與我們鳥族何干？

白鷺鷥的溫情

惡魔島上
住著一群白鷺鷥
公的孤獨
母的寂寞
因此經常相約爬山
可以相互取暖
獲得溫情
使日子變得
美美的

爲何封口

大家都把嘴巴封起來
為什麼？
因為惡魔島上
空氣中
有東廠
小心東廠就在你身旁
所以島上眾生
全都自動封口

五老自畫像

因緣
是甚深微妙法
來自前世
或來世
寂寞的雲
起了一陣風
就飄到了這裡
定格千年

貴人俊歌

俊歌
本名吳元俊
他算是我的貴人
我的價值
本來不貴
遇見他後
我的生活豐富了
價值也貴了

俊歌的春秋大業

俊歌在台大
講經說法多年
退休後致力於
中國統一大業
貢獻很多
但他總說
船過水無痕
走過不留下痕跡

嘉明湖

老天爺的
一隻大眼睛
注視著
這神州邊的荒島
許多年前和一群人
三叉向陽嘉明湖之行
影中人是誰
已忘光光

向前行

遠離迷惑的都市
投向山林
激情溶解
在多氧的小徑
向前行
不論小徑或大道
千山都要向前行

山林中有寶

山林中
典藏著許多寶貝
風聲悅耳
水聲如禪語
隨手也可以
抓一把鳥聲
但我們下山時
沒帶走一片雲

無情開示

走在山間小道
你傾聽
無情説法
不平的石階對你開示
走路小心
勿看手機
一心不可二用
你聽到了嗎？

在此遇見佛

今天大家有緣
在此遇見佛
就在佛前照相留念
佛拈花微笑
所有的白鷺鷥
都笑了
未來再見佛時
佛會記得
今日一面之緣

一幅畫

草兒堅定成長
樹葉在風中
開起舞展
強壯的樹木
在我們背後
當靠山
陽光親切和煦
共構一幅畫

行軍步伐

以輕快的行軍步伐
偶爾聽到
蟲聲答數
或有小鳥
唱軍歌
我們是有紀律的隊伍
步伐雖錯落
都按時到終點站
從未發生逃兵事件

山爬人

人很奇怪
好好的在家
給電視看
不是很好嗎
非要出來爬山
這下成了山爬人
被山整得只好
小坐休息

無字天書

看到了嗎？
當然你是看不到
這裡有很多書
每個人都是一本大書
土地、樹木
都是一本本書
無字天書
我看到了

信義兄長

信義兄長
最鮮明的形像
就是廣結善緣
廣結各界好友
散播善良的種子
他講信修義
是兄弟們的典範

LOVE

走到這裡
才發現LOVE
我們被吸引
大家溶入愛中
有了愛
勝過一切
但為了向前走
只好放下愛

微笑向前看

大家向前看
不要閉眼
微笑
捕捉一個最真實的你
典藏在雲端
無論歷史走到何時
都會記著影中
美美的你

今天同路人

這一大家子
有文有武
有軍有政
或有左有右
人各有志
至少今天我們是
同路人
走同一條路

等車

就這樣等著
張嘴微笑
才能殺
天長地久的等待
等待
有如生活中的
必要的浪費

是什麼

心中有佛
看出去
人人都是佛
我心中有詩
看他們每個人
都是一首詩
你看他們
是什麼？

同路人

在渾沌的天地
人海茫茫
這一回
我們成了同路人
不是偶然
是誰策動這一切
也確定
還有下一回

走到這裡

人間道漫漫
走到這裡
感受到你的暖意
偷偷看著你
你悠雅如雲
我們這美麗的隊伍
走到那裡
美麗就在那裡

怎樣成爲作家（一）

我們兩個
都是寫了一輩子的
老作家
信義兄長雖七十歲
出版第一本書
但他從年輕就有
寫日記習慣
就是寫作訓練

怎樣成爲作家（二）

有人問我
怎樣成為作家
我說
作家就是坐在家裡頭
此非笑話
能坐在家裡
必能靜心
靜心是成為作家的
第一要件

怎樣成爲作家（三）

有一種人
在家坐不住
天天都想往外飛
應酬不斷
玩樂無窮
心永遠靜不下來
這樣子
永遠難成作家

怎樣成爲作家（四）

天天坐在家
給電視看會成為作家嗎？
天天都在外面流浪
不能成為作家嗎？
三毛如何成為作家
還是靜心二字
不論在家或不在家
要能隨時靜心

遇到絕色

惡魔島上
妖魔多
凡事要小心
某日我獨行
遇一絕色
請她照一張相
過程中
魂險被她收去

妻的高峰

那一年
我與妻參加了
台大登山隊
登上了玉山主峰
那是妻這輩子
所創造
最高的高峰
算是她人生的
最高峰

無題之歌（一）

在神州邊陲
惡魔島
海灘藍天森林漫步
沙灘受傷
魔鬼狂笑
我亦狂笑並大喊一聲
滾
藍天森林俱消失

無題之歌（二）

藍天森林突然消失
你做夢嗎
或進入平行宇宙
我想
我只是在追尋
原鄉的夢境
或人老了
想要再給媽媽抱抱

無題之歌（三）

某日夜裡
我心情不好
在黑夜的天空放一把火
來了一陣流星雨
那是我的不小心
我向天空祈禱
不要再造成
恐龍滅亡

無題之歌（四）

天空放一把火
無論如何
世界看不到光明
你注意看
烏克蘭的夜空
每晚都燒得
透亮
有帶來世界和平嗎？

無題之歌（五）

烏克蘭的災難
是美國人
叫烏克蘭人
到俄國人家門口
放火舞刀
終於災難臨頭
現在美國又教呆丸郎
到關公面前舞大刀

無題之歌（六）

這世界太亂
惡魔島上
魅魑魍魎太多
人要遠離妖魔
跟著台大登山隊走
人多勢壯
妖魔不敢來侵犯
可保安全

一路笑到底

今天中埔山遠足
一路笑到底
笑聲撞擊
沿途的樹木
我隊、別隊
整座山都有是非
下山後
一起喝咖啡

向山學習

最近二老
傳出一些老毛病
心情難免低落
到山裡走一回
花草堅持用力綻放
山頭頂天立地
二老頓覺
要向山學習

依然挺立

我就站在這裡
雖有點年紀
依然挺起腰來
就像老校長蔣公
拿著拐杖
指點江山
我拿拐杖
今天當巡山員

同路的證據

大家走到
黎和生態公園
留下證據
下輩子再見時
出示本證
依然可為同路人
相約再走神州
更大的山

第五輯 陸官 44 期福心會

從廣州黃埔
到鳳山黃埔
一脈傳承
都是正統
我們追求中國之
繁榮、強大
統一、民主
中國式民主
不忘初心
也永恒不改其志

劉建民同學

福心會成立第十九年
第58次餐敘
老同學劉建民
從苗栗來參加
這是他的第一次
意義重大
深值一記
同學友情天長地久啊

周立勇學長

左二是周立勇學長
他是福心會裡
唯一的42期學長
我們早年一起革命
現在不革命了
相聚時
還是聊聊
當年的革命大業

風花雪月

今天不聊革命
到木柵茶園
越嶺餐敘
聊風花雪月
按毛澤東的大戰略
革命就藏在
風花雪月中

預備班十三期

民國57年時
那時我們多麼年輕
毛都沒長齊啊
就進了陸軍官校
預備班十三期
我們同是預五連
如今已是三老
感恩還活著

童榮南同學

你從二〇二一年
十一月廿三日參加福心會
就因病住院復健中
半個世紀的友情
永恒難忘
我們是佛門同道
願佛慈悲
祝你早恢復健康

戰略態勢

評估此時此刻的
戰略態勢
時間的大敵當前
我們依然擺出
雄壯威武的氣勢
不求決戰
可以擺脫
時間的彫刀

作戰地區分析

以前搞
作戰地區分析
都是幾萬平方公里
如今只剩
半日遠足的行程
不過山不涉水
輕鬆為原則

八百協會

自從我們不革命
美麗的地瓜島
快速淪為
惡魔島
到處都是妖女魔男
我們組成八百壯士協會
向妖魔抗議

向妖魔抗議

不錯
老革命們
向妖魔抗議
自古以來只聞人向人抗議
未聞人向妖魔抗議
你說說看
有用嗎？

島上妖魔太多（一）

才不過三十年
島上的妖魔
大量繁殖
以幾何級數增加
如今全島
已被妖魔覆蓋
成為妖島
我等能奈何

島上妖魔太多（二）

放眼看去
人不像人
鬼不像鬼
十足就是妖魔
極為邪惡
惹不起
老革命只能小聚取暖
一醉解千愁

參觀造反聖地（一）

這裡不僅是
造反聖地
更是妖魔源地之一
島上能造反的妖魔
如李登輝、陳水扁
乃至空心菜等
都是這裡的產品
了不起啊

參觀造反聖地（二）

惡魔島上的最高學府
大家都想來
學習一門功課
如何使聖人賢人一夜間
變過街老鼠
或使過街老鼠一夜間
變聖人賢人
這是妖魔之無尚大法

給我們一片江山

我們始終不忘
擁有一片江山
廣達
一千多萬平方公里
如今不求擁有
只求一片夢的江山
在夢中
給我們一片江山

一切都會老

大家都在抗老
但一切都會老
包含歷史和地理
最終都是死盡和沈沒
只有神話和夢
永恒不老
就讓我們活的如神話
天天織美夢

陳報國同學

我和報國同學
民國67到69年
一起駐守馬祖高登島
他是步兵連長
我是砲兵連長
40多年過了
有如一瞬
照片像高登北端

三公

時間
如太平洋的浪
幾十年來
我們也活在生命的
太平洋中
被浪沖來沖去
現在被沖到黃昏的
海灘

路復國同學

民國82年
我三軍大學畢業
無處可去
被一陣浪沖到你麾下
花東防衛司令部砲指部
你是指揮官
我是副指揮官
難忘一段緣

正統與非正統

最近惡魔島上
又對我們有所爭議
謂鳳山黃埔才是正統
意思說大陸時期黃埔
為非正統
這是分裂陰謀
黃埔精神一脈傳承
全都是正統

台中看老同學

路復國同學
住台中
平時難得一見
我利用二〇二三年春節
台中老家行
順約他小聚
留下這
溫馨的回憶

科幻生活

神州邊陲惡魔島上
妖孽橫行
領導階層
盡是魅魑魍魎
我等老人家
過科幻生活
好過日子
不理會妖魔鬼怪
也不理會牛鬼蛇神

金克強學弟

左翼坐者
是46期金克強
民國77、78年間
我們駐守小金門
他是一五八師砲兵營長
我是金防部砲指部
大砲六三八營長
我們是戰略伙夥關係

三官部與英雄館

原本餐敘都在
三軍軍官俱樂部
不久妖魔
賣掉了俱樂部
不知何時
妖魔又竊佔英雄館
老英雄們
就到北京餐敘

到北京餐敘

我等老英雄
有一天
將到北京餐敘
你以為是科幻嗎
非也
這是真實的夢境
有夢最美
可驗證的假設

站在這裡宣誓

我們站在這裡
宣誓
佔領造反聖地
等待王師南征
消滅惡魔黨
恢復校園
原來的清淨

消滅惡魔黨（一）

年輕時代
看小飛俠
大戰惡魔黨
沒想到
地瓜島上真的出現
惡魔黨
導致芳香的地瓜島
成惡臭的惡魔島

消滅惡魔黨（二）

這惡魔島上的
惡魔黨
勢力強大
我等老革命
戰力太弱
只等待
解放軍
能消滅惡魔黨

光陰的旅行者（一）

我們都是
光陰的旅行者
在業海中
漂過一世又一世
這一世
漂到惡魔島
見證到島上
妖魔比人多

光陰的旅行者（二）

你不相信嗎
這裡妖魔比人多
放眼看去
沒頭沒腦的
如行屍走肉
沒腳的
都沒根了
漂浮者生活

光陰的旅行者（三二）

徐霞客
也是光陰的旅行者
他記錄旅途所見
我等旅行
也記錄旅途所見
就都還給歷史
未來歷史多了一種
惡魔島奇聞

好友

我相信
不論任何眾生
能談心的好友
絕對是少數
如果有人說
他好友滿天下
這種政治語言
聽聽就好

第六輯　台大春節團拜

台灣大學
有一個優良傳統
每年春節辦團拜
歷任校長都會參加
今年團拜
是二〇二三年元月三十一日
共有6位校長參加
是這造反聖地上
最美的風景

退聯會與孫校長

台大退休人員聯誼會
每年有代表參加團拜
今年有楊華洲副理事長
何憲武教授和在下等
多人參加
與老校長孫震
留下一張溫馨合照
典藏於歷史時空

校園碰到管校長

碰到管校長（右二）
把握機會
留住歷史
左一是楊華洲
左二是吳元俊
右一是在下
為管校長
我們挺起脊樑

《大學的脊樑》

可敬啊
管校長
惡魔島上所有妖魔
牛鬼蛇神等
向您發起攻擊
你挺住了
我們曾共同奮戰
大學才有脊樑

孫震校長

孫校長
一九八四到一九九三年
在任，當時
有妖魔
要把教官趕出校園
您挺住了
教官才有脊樑

楊泮池校長

楊校長
二〇一三到二〇一七年
在任，當時
我任退聯會理事長
舉辦千歲宴
您親自涖臨參與
還記否？

陳維昭校長

陳校長
一九九三到二〇〇五年
在任，當時
我出版兩本書
《決戰閏八月》
《防衛大台灣》
都是您寫的序
校長記否？

李嗣涔校長

李校長
二〇〇五到二〇一三年
在任，您是
特異功能
和靈魂學專家
是否可以證明
西方極樂世界
是真實的存在？

大學有脊樑

說實在的
在這惡魔島上
要維持一點學術尊嚴
要有脊樑
很困難
但，你們
做到了
不容易啊

都退休了

我們都退休了
文壇上混混
或唱唱歌
或第一會議室看熱鬧
只有楊華洲
為台大辛苦
為台大忙
退休比在職更忙

退聯會與管校長

看到管校長
脊樑都挺直了
有了學術自由
學子都長出了翅膀
把握良機
留下美麗的風彩
等待老了
慢慢回憶

小王國

我們自成一個
小王國
只有幾萬人口
土地面積
三百六十平方公里
學術自由
是我們
強大的三軍實力

守住一片天

這惡魔島上
所有的妖魔鬼
牛鬼蛇神等
都想染指
染指這清淨的校園
幸好
大家終能挺住
守住一片藍天

老夫頓悟

年輕的時候
游走在各大山頭間
始終不得其門
直到五十不惑
老夫才頓悟
最大的山頭
就是朕
還有比朕更大嗎

第七輯　長青一生一世

長青
是我們深藏內心
一段永恒的
情緣，如同
黃埔二字
值得我們保存
一生一世

長青的搖籃

陸軍官校預備班
民國57到60年
我們在此生活的場景
這是長青的誕生地
如今景物全非
但搖籃美景
永遠留在我們心中

此情此景

四個老夫
一見面
就突然回到50年前
年輕時代的情景
寫在每人的臉上
話不完
青春風景

百年不見友誼不變

自從取得
老人國簽證後
大家難得見面
乘來榮總之際
與老友餐敘
百年不見
友誼不變

光陰啊你是誰

祝福各位
畢業同學前途光明
語音未落
我們已然在
享受著退休生活
光陰啊你是誰
你是牛鬼蛇神嗎
我們怕你

退休生活

過日子
吃喝拉撒
仍要編織一些美夢
夢不論新舊
只要有夢
臉上掛的
就是春景

讓時間不走

太可惡了
三青突然成了三老
要設法叫時間停住
讓時間不能走
左想右想
唯一的辦法是停電
把電斷了
時間也停了

追夢人

那些懵懂的季節
歲月如雪
一片白
各自編織著
仲夏夜之夢
僅此一瞬
有共同的夢境

回不去了

你們曾有
快樂的童年
無憂無愁
比純金更純
然而
一切都變了
回不去了
難再有

不要把美夢打破

這是我們織過
最美的夢
半個多世紀了
美夢不舊不破
美美如初
我們護著夢境
一生一世
不把夢打破

當黃昏來臨

當太陽公公
也要回家睡覺
別走開
好戲要開始了
月亮小姐要出場
眾星星們
也要大方亮相
夜空多麼美麗

典藏美麗

那定格的一瞬間
美麗的彩雲
早已飄得
不知去向
然而，被我收藏的
將典藏於各大圖書館
再美麗
至少一千年以上

虞義輝（一）

年輕帥氣
氣壯神州山河
沒有機會率領大軍
進出神州
只好建設自己的
理想國
成為
博士將軍

虞義輝（二）

這一張
有戰場的味道
未見橫屍遍野
血流成河
你的笑容象徵著
我們幸運處在和平時代
反攻大陸嘛
說說就好

我是玩眞的

民國77年8月
我從八軍團43砲指部608營長
調小金門638營長
全營官兵
恭送我離營
此情此景
感動啊
我是玩真的

這輩子

想想我們這輩子
詭異啊
定了志向
不努力去執行
該走的路不走
回首前塵
那一路上
荊棘叢生

拿錯了兵器

本該拿槍
卻拿了一輩子筆
金銀銅像獎
抱回一屋子
偽統領偽部長獎
拿到搬不動
人生啊
難以規劃

獲頒金像獎時與得獎人員（同學）合影留念，74年。

預備班13期

看這張照片
是教授班的全班照
約照於民國59年
或60年
多位影中人
已去報到了
現在大家都在
撐
看誰撐到最後
最後走的關燈

正史與野史

在黃埔校史館
典藏著
黃埔百年正史
但更多的野史
無處典藏
我負責
收整典藏
所有黃埔野史
在我百本著作中

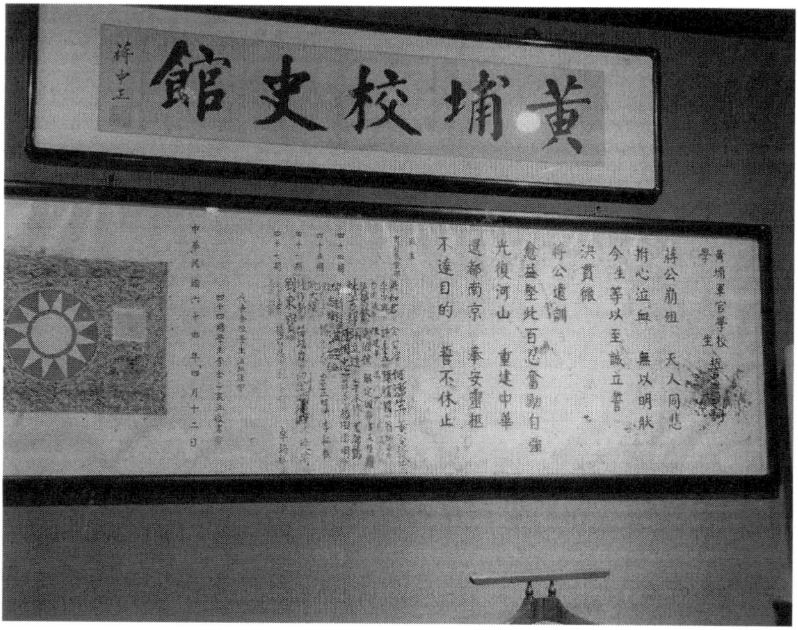

最後的同學會

重慶涪陵市
涪光中學初中
一九四二年級剩兩位同學
蕭可容99歲
沈思恩97歲
仍堅持招開二人同學會
我們大家撐著
看誰是最後的
兩人同學會

第八輯　台大退休人員聯誼會

有些故事
不留存
就永遠流失
台大退聯會的故事
凡經我
眼耳鼻舌身意
必將留存
千秋萬世
永久典藏在
歷史時空

理事長樂團

台大退聯會
理事長樂團
用歌聲
發表愛的宣言
帶動
所有會員
享受快樂的人生
天天都是
Beautiful Sunday

歲月說法

歲月
是一個沈默的法師
天天都在
無情說法
少有人聽懂
惟智者三老
早已了然於心

會員同樂

快樂
是人心中一片彩雲
飄來飄去
我設法捕捉
所有彩雲
聚在一堂
獨樂樂
不如眾樂樂

神話

聽說
台大退聯會
有神話般的美麗故事
來了才相信
說不出的美好
這小小天地
充滿溫馨
非神話

台大好混

說實在的
台大過日子
好混
校園綠陰漫漫
隨興散步
不殺時間
時間與你同行
志同道合

三個理事長

台大退聯會
我是第9、10屆理事長
俊歌是第11屆
陸雲教授
是現任第14屆理事長
相約共商
未來發展大計

孤．寡

眾生皆孤
個個道寡
早晨你到公園散步
池中青蛙呱呱
牠說了什麼
不外也是
稱孤道寡

可可托海的牧羊人

從來不知道
在海裡也可以牧羊
這是新的物種嗎
生在海中的羊？
我輕唱一曲
感受牧羊人的愛情故事
如這海羊
一般的科幻

爲何相聚

為何相聚？
可以有很多理由
最重要一項
你出現
證明這世界是存在的
若你不再出現
世界是不存在的
對你而言

山頭

眾生不是寂寞
就是孤獨
大家都在稱孤道寡
千山獨行
每一座山
都自稱是天下間
最大的山頭

別相信神話

神説有光就有光
你看見嗎？
有證據嗎？
其實光
來自你自己
你説有光就有光
你説黑暗
到處就一片黑

跳一支舞給老大看

走在黃昏的路途上
感覺有一個老大
盯上了妳
它的名字叫時間
跳一支舞
取悅老大吧
老大高興了
它便不會天天盯著妳
妳也高興

驀然回首

這輩子
奔走了大江南北
到底幹了什麼大事業
得失如何
到了佛光山
才悟得此生
無失無得
無來無去

忘了年月

今夕何夕？
莫宰羊
都忘記了
現在是一個朝代之末
或新朝代之始
也都不放心上
如居荒山
無年無月

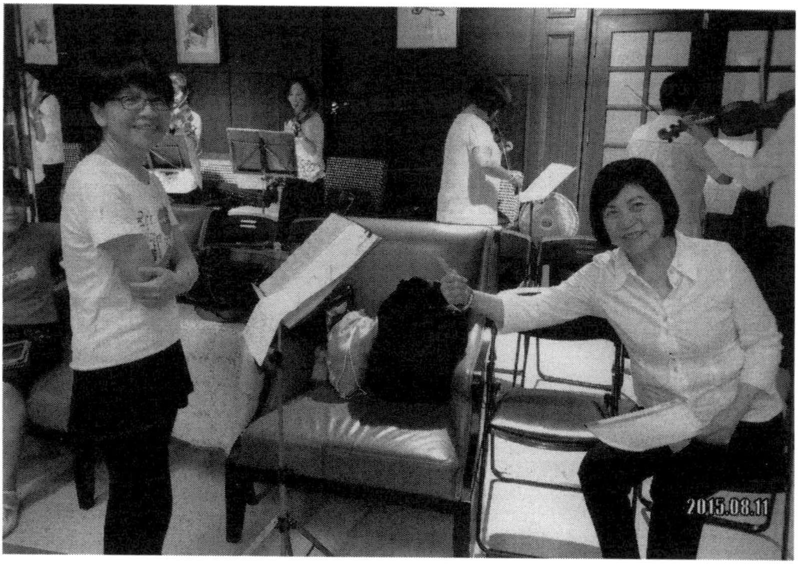

當我們同在一起

那一首歌
開始在我們之間
哼著、唱著
一起又喚醒了
青春之火
把黃昏的天空
燒得通紅

我們慶幸

退休真好
每天吃得好好
睡的飽飽
這惡魔島上
太黑太亂太邪
別理牠們
回校和老友聊聊天
不亦樂乎

東西南北彼此

北窗夜話
南窗小語
西窗獨白
就等東窗事發了
人生嘛
跑不了東西南北
最終在此岸與彼岸
死命掙扎

我們在這裡遛

老人家生活
不外是遛
遛貓遛狗
遛娃娃
今天退聯會辦同樂會
我們回來遛遛
有遛有存在

先行者沙教授

沙依仁教授
妳生病時
我們去探望妳
如今妳是先行者
到了西方極樂國
可要寫封信回來
或傳個簡訊
説妳平安到達

山也複雜了

現代社會變了
連山也複雜
你傾聽
山林裡風風雨雨
各山頭
爭論不休
讓人看不懂
是非善惡

我們太落伍了

惡魔島上
無法無天的妖魔政權
早已通過
通姦除罪化
貪污合法化
毒品除罪化
我們還搞反毒
是不是太落伍了

汝心荒蕪（一）

汝心荒蕪
巡視一下你的心田
長滿野草
比人高
遍地枯黃落葉
為何
因你不讀詩
又不寫詩

汝心荒蕪（二）

子曰
不讀詩何以為人
快去買一本
《陳福成詩集》
好好讀
汝荒蕪的心田
開始春水潺潺

草民

惡魔島上
都成了妖魔的地盤
這裡的人類
退化成類人
少數維持人形者
都是草民
這就是今之
惡魔島現狀

陳公移山

這輩子
碰到許多橫在眼前的
大小山頭
最後都被我
以念力
或轉念
逐一移開，至今
沒有任何山丘
擋在我面前

向列祖列宗報告（一）

我向
中華民族列祖列宗
報告
神州邊陲之地瓜島
被妖魔竊佔
成了惡魔島
請求列祖列宗
快想想辦法

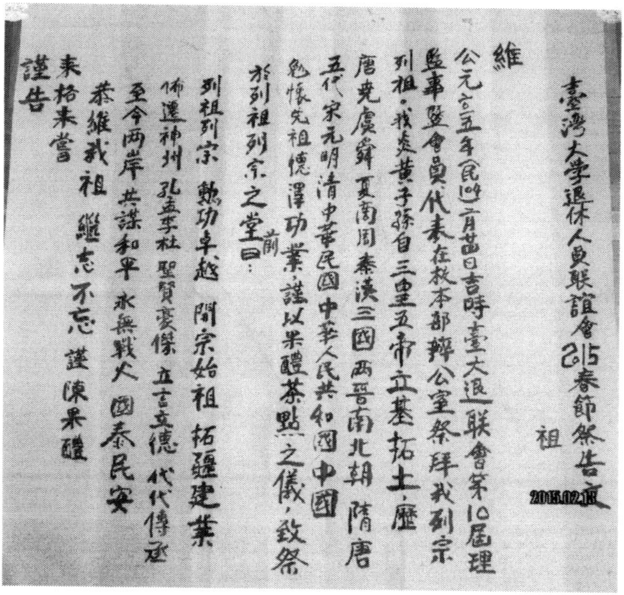
臺灣大學退休人員聯誼會2015春節祭祖告文
2015.02.13
維
公元二〇一五年(民104)二月十三日吉時臺大退联會第10屆理
監事暨會員代表在校本部辦公室祭拜我列宗
列祖。我炎黃子孫自三皇五帝立基拓土，歷
唐堯虞舜夏商周秦漢三國兩晉南北朝 隋唐
五代、宋元明清中華民國中華人民共和國中國
緬懷先祖德澤功業，謹以果醴茶點之儀，致祭
於列祖列宗之堂前曰：
列祖列宗 勳功卓越 開宗始祖 拓疆建業
佈遷神州 孔孟李杜 聖賢豪傑 立言立德 代代傳承
至今兩岸 共謀和平 永無戰火 國泰民安
恭維我祖 繼志不忘 謹陳果醴
來格來嘗
謹告

向列祖列宗報告（二）

中華民族諸大神與
列祖列宗
如今台獨偽政權
自立乾坤
給人民製造無窮災難
快想辦法
把這些妖魔回收
給中華子民
一個清淨的小島

第九輯 文藝之旅

文學的世界
無限寬廣
超過宇宙的範圍
更神奇
會改變人的高度
文藝文學
讓我從一介武夫
變成
詩人作家

二〇二〇文藝雅集（一）

十月廿三日在
台大醫院國際會議中心
左起：台客、高志瑋
麥穗、在下陳福成
林錫嘉、古蒙仁
王婷、綠蒂
在這世界留下
黃昏的身影

二〇二〇文藝雅集（二）

十月廿三日在
台大醫院國際會議中心
左起：在下陳福成
林錫嘉、古蒙仁
王婷（後立者）
綠蒂、落蒂
許其正、傅予
此情此景非科幻

二〇二〇文藝雅集（三）

十月廿三日在
台大醫院國際會議中心
左起：高志瑋、麥穗
在下陳福成
感恩文訊全體伙伴
每年用心舉辦
文藝雅集

二〇二二文藝雅集（一）

十月四日在
台大醫院國際會議中心
左起：在下陳福成
彭正雄
蘭觀生、台客
文壇四老
進出詩歌文學
三百多年

二〇二二文藝雅集（二）

十月四日在
台大醫院國際會議中心
左起：劉曼紅
曾美霞、彭正雄
綠蒂、蘭觀生
傅予、在下陳福成
台客、落蒂

文字是詩人的夢中情人

詩人和文字的關係
就是情人關係
且恒在夢中
你永遠搞不定
文字跑給你追
你追吧
這是你
創作一輩子的動力

感覺對味

詩人寫詩
就是與文字玩著
男女關係
說難不難
感覺對味
就自然天成
兩下搞定了

文字難馴

詩要寫得好
先要馴服文字
但咱們中國字字字如
鼠牛獅虎龍蛇猴
說實在
窮三世之力
也難以全部馴服
難怪古來寫詩苦

寫詩之樂（一）

作詩雖苦
苦中樂無窮
可以建立自己的詩國
理想國
可以稱孤道寡
為所欲為
無法無天
盡在詩境中

寫詩之樂（二）

創作之樂
不可說！不可說！
不思議
說不盡
可以向科學、哲學
乃至神學
甚至你自己
進行革命造反

寫詩之樂（三一）

向科學造反
白髮三萬丈
黃河之水天上來
向自己革命
否定、肯定
再否定
每天創造
全新的自己

寫詩之樂（四）

作詩之樂
樂無窮
現在就將
一片悠雅的雲
當成我的夢中情人
她是我詩國中
永恒不老的
唯美公主

寫詩之樂（五）

還可以吹牛不犯法
騙死人不償命
煮雲成飯
釀酒的石頭
而我一首詩
拍賣一萬美金
這一切的完成
全在詩的意境中

一片悠雅的雲（一）

華文現代詩
如一片悠雅的雲
碰到一座山頭
在此山中
有些傳奇
下了一些雨
然後
又飄走了

一片悠雅的雲（二）

雲總是飄忽不定
誰能管住雲
多大的山頭
也不能叫雲
留住
只能看著它
悠雅的背影
飄向不知名的遠方

釀酒的石頭（一）

年輕的時候
有很多偉大的夢想
要建設屬於自己
的理想國
要率千軍萬馬
跨海北伐
如今思之都是
釀酒的石頭

釀酒的石頭（二）

石頭釀不出酒
但有很多附加價值
創造神話
使人相信
成為眾人的信仰
但最終發現
搬石頭
砸了自己的腳

青溪講詩

講詩
是理性的科學
作詩
是感性的神學
喝完一瓶XO
使人失神
就能寫出絕色
好詩

多鹽的詩

不知是社會問題
或詩出問題
有許多詩
鹽分太重
又澀又鹼
還區分顏色
搞顏色革命
這是惡魔島的現狀

劉焦智

二〇一〇年十月底
山西芮城
《鳳梅人》報發行人
劉焦智
邀我等三人參訪
是難忘的文藝之旅
如今已是
十三年前的往事

張默和辛牧

二〇二三年六月十七日午
在台北花園大酒店
青年新詩頒獎
遇到張默和辛牧
你們是現代詩推手
《創世紀》
開山大將
沒有二位就沒有《創世紀》

觀自在綠蒂

我叫你王哥
幾年前
為慶祝你八十大壽
幫你寫了十萬言書
《觀自在綠蒂詩話》
你是現代中國著名詩人
兩岸文壇志工
現代菩薩

總司令向明

老大哥向明
我知道
你是陸軍上校退伍
但你在現代詩壇
地位崇高
至少是
總司令的地位

第十輯　大人物詩人群

大人物詩人群
眞是大人物
各有來頭
大企業家范揚松
孫子兵法專家陳國政
優秀青年詩人莊雲惠
中國大詩人吳明興
阿拉伯專家方飛白
在下嘛，解放軍封我
台灣軍魂
我期許自己是中國軍魂

解放

不是解放，軍
是解放，自己
都在渴望解放
把肉體都放下吧
心靈放飛
飛三界二十八重天
這才是真解放

夢與醒

數羊數到九百隻
仍睡不著
回憶童年往事吧
在快樂中入夢
又被故事喚醒
在夢與醒之間
詮釋半個世紀來
無數的起落

大人物

大人物應邀到
大人物公司
講經說法
講的是中國統一經
統一，乃存在
中華民族億萬子民
基因中
甚深微妙法
無尚之大法

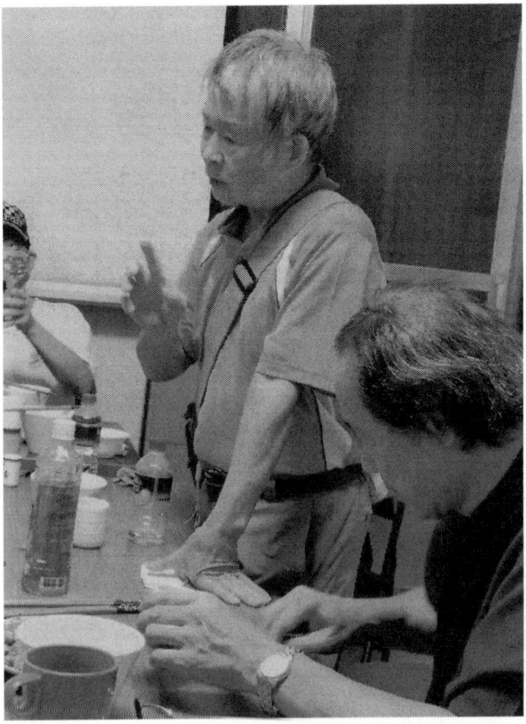

《芋頭史記》

芋頭者
老芋仔也
他們的歷史
從大江大河南北
流浪到這
惡魔島上
余不忍歷史成灰
著《芋頭史記》

花和美女

綠野無花
如何稱其美
社交無美女
如佳餚不放鹽
難稱美味
啊，美女
有妳真好
我們好過日子

歐大講36計

西方蠻族
與咱們中國人
鬥爭五百年還不懂
中國人心思
叫人同情
我應邀到
歐洲瑞士大學
講中國36計

講道商范蠡

出版了三本范蠡專書
《大將軍范蠡》
《陶朱公致富學習》
《范蠡完勝36計》
應邀到
陶朱公財神協會
講經說法
范蠡經財神法

人生雲雨

漫漫路途
不在雲中就在雨中
雲雨讓人愛
也叫人愁
愁在雲雨如煙
是纏綿
或是糾纏

我們喝酒

喝咖啡
聊的都是是非
叫人活在是非圈
因此我們不喝咖啡
我們喝酒
酒後吐真言
所述皆
真性情

破除孤

人人都想發號司令
叫別人聽從
於是人人孤行於茫海
稱孤道寡
我們為破除孤寡
相聚取暖
團結破孤寡

目的和價值

各位愛卿
你們説著生活的目的
生命的價值
幾百年了
仍找不到答案
其實只有兩句話
生活的目的在把時間花掉
生命的價值在把銀子花掉
很簡單吧

老在一起（一）

我們
老在一起
相聚增加溫度
你給我快樂
我給你安慰
我們老在一起
抵抗荒島上的
孤冷

老在一起（二）

我們
這裡走走
那裡吃吃
煩惱丟入太平洋
孩子有他們的江山
我們守住古舊的版圖
這是我們目前唯一
責任

老在一起（三）

我們相聚
享受黃昏美景
日正當中的輝煌
已遠去
夕陽的美
晚風清涼
適合我們的體感

老在一起（四）

一碰面
不管男生女生
臉上立刻開出
兩朵花
而心花就開的更多
這就是我們
老在一起
的獲利

老在一起（五）

我們
老在一起
還有一個目的
就是把銀子花掉
銀子太重
放身上壓力大
花掉了
無銀一身輕

老友范揚松

我們的因緣
緣自《決戰閏八月》
《防衛大台灣》
感恩啊
解放軍送閏八月好禮
因緣得以開啓
謝謝人民解放軍
感恩老友范揚松

第十一輯 台大教官聯誼會

風風雨雨的那些年
我們同在一座
造反聖地裡當教官
一群妖魔要
把我們趕出校園
當我們都離去後
妖魔佔領所有校園
美美的地瓜島
經由轉型正義變成
可怕的惡魔島

溫馨小天地

退出造反聖地後
惡魔島上
已難有清淨之處
幸好我們圍繞著
老長官李將軍
自成溫馨小天地
尚可取暖
成為革命小暖爐

小暖爐

雖然只是
一口小暖爐
但從我們口中發出的
革命之火
依然照耀神州大地
杯酒笑談間
彰顯著布局
統一戰略

不忘初心（一）

我們這群革命伙伴
追求中國之
統一、繁榮、強大
中國式民主
是我們一生使命
我們視為
永恒不變的天職

不忘初心（二）

是的，確實
永恒不變的天職
這就是黃埔
革命精神
不忘初心
雖然已成老革命
我們仍吃中國強大飯
喝中國統一酒

不忘初心（三）

不忘初心
你不相信嗎
那你就眼見為真
看那惡魔島上
妖魔死光了
島嶼沈了
而我們依然
不忘初心

不忘初心（四）

老革命們
退伍後
還是過著革命生活
不忘革命感情
喝革命酒
講革命話
不忘初心就在
生活實踐中

不忘初心（五）

我等老革命
走過的路
比許多人走的橋多
老來多悟
許多山頭不是山頭
人亦非人
只有這顆老革命的心
是永恒不變

陳國慶

國慶這老弟
為人誠懇
做事實在
我知他肚中有料
多年前我主編
龍騰版《國防通識》
〈軍事知能〉部分
就請他主筆

新樂園

自從離開那造反聖地後
我們追隨
老長官李將軍
另築一座
新樂園
至於革命的事
待酒後
大家高興說說就好

第十二輯　台大秘書室志工聯誼

志工無敵
人要怎樣才能無敵
甚至無敵於天下
古聖言
仁者無敵
那境界太高
我以為一切無求
亦可無敵
例如志工無敵無求

信義學長當班

今天
信義學長當班
坐鎮值班室
一切眾生
凡有一切問題
都可來問
必可得到一個
答案

信義當選志工隊長

公元二〇二三年元月五日
台大秘書室志工
選隊長
吳信義高票當選
留下這張
歷史記錄，將
典藏在歷史時空中
穿越校史數百年

當選台大志工隊長合影　2023.01.05

當志工和寫詩

有人問羅門
為什麼還要寫詩
羅門答
為什麼我還要活下去
我思索
為什麼還要當志工
我自答
為什麼我還要活下去

豐富生活

要活下去
不是光吃飽喝足
要創造
意義和價值
生活要快樂加豐富
這些不用我操心
我這把吉他會
幫我完成
它聰明吧

因緣在此歇腳

奇妙的因緣
自天外飛來
在此歇腳
想要追尋一些
風花雪月
因緣出手捕捉
留下
如山之鐵證

大窄門

我老搞不懂
惡魔島上
這個大窄門
為什麼許多
牛鬼蛇神
都要擠進來
是不是因為來了
就可以造反

坐在這裡的感覺

每年杜鵑花節
我們坐在這裡
看著年輕的潮水
在門口
流進流出
是什麼感覺
他們都在浪潮裡
沖來又沖去

我們也在浪潮裡

在這小小的
造反聖地裡
我們也是一波浪
在時代的大潮
浮浮沉沉
僅在這浮沉間
留下一抹
微笑的夕陽

朕

自從成為草民
草
沒有名字
為了有個頭銜
今天叫朕
各位愛卿
關於詩
朕說了算數

志工領獎

當志工20年了
台大主秘
頒獎給我
此刻
我不忍稱造反聖地
就昇華叫
革命聖地好了

在造反聖地當志工

說起來
還真是科幻
竟然在造反聖地
當志工
很不合乎我身為
革命詩人的身份
如此這般
真科幻

第十三輯　台北市中庸實踐學會

中庸
怎樣做才是中庸
不走左派
也不走右派
凡事走在中間
是這樣嗎
問問原作者子思
或許有正確的
答案

性

何謂性？
別想歪了
心中老想著性
子思說
天命之謂性
率性之謂道
佛亦說
明心見性

君子小人

中庸者
中道也
子思曰
君子中庸
小人反中庸
君子之中庸也
君子而時中
小人之反中庸也
小人而無忌憚也

中庸的大缺點

大家都走中庸
人人守中道
也是大有問題
面對惡魔島上
妖魔橫行
給人民製造苦難
誰來發起革命？
推翻台獨偽政權

中間是避風港

左方會引來戰火
很危險
會死很多人
右方逼人跳
太平洋
也危險
我們躲中間
中間是避風港

詩不能中間

詩在中間
落於中庸
非好詩
詩意要極左
或極右
才能驚天動地
所以杜甫說
語不驚人死不休

友誼

在這小小的圈圈裡
因緣之苗
長出友誼之果
我們共唱
快樂歌
頌揚單純的友誼
如水如陽光

這裡有光

在這惡魔島上
到處都黑
沒有光
就算是大白天
全島也像個
大黑箱
只有這裡有光
我們相聚取暖

第十四輯　復興崗師友會

林將軍帶著本會
上山下海
周遊列國
他出錢又出力
我看到一個和我
相近的人
生活的目的
就是把時間花掉
生命的價值
就是把銀子花掉

林恒雄何許人（一）

林恒雄何許人
將軍、博士、志工、作家
慈善工作者
能如是
並帶領大家亦如是
他是現代人間菩薩
廣渡眾生啊
他是什麼來歷

林恒雄何許人（二）

林恒雄何許人
一九三六年生於台中
政戰五期
世新大學文學博士
嘉南科大理學碩士
外語學校英文班
國防語文越文班

自然就是美

有共同的語言
就是美麗
如山河綠野紅花
自然在一起
用感覺對話
自然就是美
在此有了示範

人生如夢

半個多世紀了
如一場夢
我們在夢中
行走江湖
江湖不好混
躲在夢境中
不看不醒
一切多麼完美

林恒雄何許人（三）

林恒雄何許人
政戰學校副校長
金馬外島十五年
一九五八年
參與八二三砲戰
一九五九到七五年
奉派越南安全局顧問
文武雙全儒將也

林恒雄何許人（四）

林恒雄何許人
一九七五年奉派高棉
今柬埔寨之
政府顧問
一九八五年瓜地馬拉
軍事顧問團
團長
他的人生輝煌啊

說好下輩子

也許前世
我們有了約定
這輩子
才結了好緣
我們說好
下輩子
仍是好友

林恒雄何許人（五）

他完成自我實現
獲各獎勳章30多座
近二十餘年來
任紅十字會終身志工
他的大著
《泳難忘懷》
《願力長在我心》
《領悟《心經》意涵》

神遊中國

神州美景
三輩子也走不完
這把年紀了
我們把肉體
暫時放下
以意識結伴
壯遊神州
瞬間遊遍全中國

老將軍的用錢哲學

許多銀子
一直追著他
非要給他不可
這是命中註定的
老將軍只好收下
用於慈善工作
銀子用掉
才顯其價值

王定華將軍

政戰十期
王定華將軍
謙虛又親切
給人如沐春風的感覺
當年威勢如山
已化成
你我鄰家的
大哥哥

銀子留住歲月

歲月開著超跑
如風吹過你的江山
難追回
只好用銀子
追回歲月
把銀子花掉
歲月定格
跑都跑不掉

惡魔島過日子

在這裡過日子
不能叫妖魔像人樣
黑暗不會突然有光
天要下雨
娘要嫁人
隨她
吾等不思不想
自在過日子

現在在哪個天（一）

回首前塵
最無情無義的是光陰
最有情有義的是諸君
我們在
三界二十八重天裡
組團壯遊
不知現在到了
哪一個天

現在在哪個天（二）

回憶太多
人生太複雜
許多的天
每個天
都是一個浩瀚的宇宙
而你
所擁有的一片天
就是你的自在天

第十五輯　補餘與其他

家在哪裡？
你知道嗎？
眾生最後的家園
又在哪裡？
許多人一輩子找不到
而我
也花了大約五十年
才確定
找到最後的家園

台客參加佛光會

因緣看似平易
其實不易
因為眾生每天都忙
忙茫盲
終於有個機會
台客、俊歌和我
一起參加了佛光會
向佛靠近了一小步

我們都皈依了

我們都皈依
在星雲大師座下
這至少確定
我們找到
最後的家園
從此以後
不再到處流浪
一顆心定了

我們能供養什麼

不論任何場合
我等身為佛光人
有機會
布施、樂捐、供養等
都是樂意為之
因為這是快樂
最方便就是
把銀子交出來

因緣跑掉了

二〇一六年後
信義、俊歌和我三兄弟
不知在忙什麼
沒有再參加佛學夏令營
因緣跑掉很多
因緣如荒野的小白兔
不去追
牠就跑掉了

想念佛

俗務太多
很久沒有回道場
乘佛光總會長之母
趙楊覺苑追思會
回道場參加
感受佛法的氣氛
消解心中
想念佛之渴望

皈依三寶

盡形壽皈依佛
永不皈依外道天魔
盡形壽皈依法
永不信奉外道邪教
盡形壽皈依僧
永不跟隨外道門徒
弟子陳本肇立
二〇〇七年十二月廿二日

小小暖爐

江湖上
到處都是火
但可供我老人家取暖
極為稀少
大專院校退休同仁協會
算是一口
小暖爐
老夫來取暖

湖光山色

體面的湖光
山色好看
典藏如詩之美
身歷其境
聞無情說法
一百年後
有誰知道
你來過這世間

緣起

各方浪漫的白雲
溫柔的風
雨神也慈悲
日月都說好
這一刻
相約一聚
把時間暫停一秒
留下唯美的身影

這些年

這些年來
總覺
盧山煙雨浙江潮
未到之時恨不休
及至到來無一事
盧山煙雨浙江潮
宜蘭亦如是

陳若曦大姊

偶然遇到
陳大姊
她的故事
成為時代的典範
《尹縣長》
《堅持・無悔》
在人心中啓動
革命或造反

陳若曦何許人（一）

陳若曦，原名陳秀美
一九三八年生
台灣省永和人
台大外交系畢業
與白先勇、歐陽子
王文興等同學創辦
《現代文學》雜誌
她是現代著名小說家

陳若曦何許人（二）

陳若曦
革命先醒者也
一九六六年
我等腦袋一片渾沌
不知何謂革命
她勇闖神州
在文革浪潮中
無畏前行

陳若曦何許人（三）

她經歷大浪潮
無數起落
如今轉型成
親切的大姊姊
偶爾參加
范揚松的詩酒雅聚
享受當下
美好的人生

《文訊》40週年

這個世界
雖說地球暖化
但我等老人家
白天寂寞
晚上孤獨
感覺是地球冷化
幸好有個文訊
相聚取暖

台大退聯會老友

左起作家吳信義
哲學家郭文夫
詩人在下
小公主許秀錦

我們在造反聖地裡
架起一口小暖爐
相聚取暖
抵抗地球冷化

中國藏頭詩

老友范揚松
發表藏頭詩
已超過三千多首
吾國歷史上
藏頭詩總量
不如他
可謂是中國藏頭詩
第一大家

十八顆梅花

這裡有十八顆梅花
很重吧
想當年每人扛著
六顆梅花
壓力山大
如今無花一身輕
但覺地心引力
越來越大

台大登山會

我等一行
總愛和地球較量
天下雖大
難不倒老人家
今天的行程
新店獅頭山
在此留影
證明地球仍在

44期老同學

舞台就剩下這裡了
鄭杭蘇、桑鴻文、王立中
劉志傑、陳志鴻、黃瑞楨
丁明鏡、李立中、林鐵基
沈孟訥、梁又平
在下陳福成
二〇二三年七月十二日
八百協會輪值
我們守護最後的戰場

全統會

中國全民民主統一會
經歷過
滕傑、陶滌亞
王化榛
現在由吳信義領導
我們不忘初心
寧共勿獨

陳福成著作全編總目

壹、兩岸關係

決戰閏八月
防衛大台灣
解開兩岸十大弔詭
大陸政策與兩岸關係

貳、國家安全

國家安全與情治機關的弔詭
國家安全與戰略關係
國家安全論壇。

參、中國學四部曲

中國歷代戰爭新詮
中國近代黨派發展研究新詮
中國政治思想新詮
中國四大兵法家新詮：孫子、吳起、孫臏、孔明

肆、歷史、人類、文化、宗教、會黨

神劍與屠刀
中國神譜
天帝教的中華文化意涵
奴婢妾匪到革命家之路：復興廣播電台謝雪紅訪講錄
洪門、青幫與哥老會研究

伍、詩〈現代詩、傳統詩〉、文學

幻夢花開一江山
赤縣行腳・神州心旅
「外公」與「外婆」的詩
尋找一座山
春秋記實
性情世界
春秋詩選
八方風雲性情世界
古晟的誕生
把腳印典藏在雲端
從魯迅文學醫人魂救國魂說起
六十後詩雜記詩集

陸、現代詩（詩人、詩社）研究

三月詩會研究
我們的春秋大業：三月詩會二十年別集
中國當代平民詩人王學忠
讀詩稗記
嚴謹與浪漫之間
一信詩學研究：解剖一隻九頭詩鵠
囚徒
胡爾泰現代詩臆說
王學忠籲天詩錄

柒、春秋典型人物研究、遊記

山西芮城劉焦智「鳳梅人」報研究
在「鳳梅人」小橋上
我所知道的孫大公

為中華民族的生存發展進百書疏
金秋六人行
漸凍勇士陳宏

捌、小說、翻譯小說

迷情・奇謀・輪迴、
愛倫坡恐怖推理小說

玖、散文、論文、雜記、詩遊記、人生小品

一個軍校生的台大閒情
古道・秋風・瘦筆
頓悟學習
春秋正義
公主與王子的夢幻、
洄游的鮭魚
男人和女人的情話真話
台灣邊陲之美
最自在的彩霞
梁又平事件後

拾、回憶錄體

五十不惑
我的革命檔案
台大教官興衰錄
迷航記、
最後一代書寫的身影
我這輩子幹了什麼好事
那些年我們是這樣寫情書的
那些年我們是這樣談戀愛的
台灣大學退休人員聯誼會第九屆理事長記實

拾壹、兵學、戰爭

孫子實戰經驗研究
第四波戰爭開山鼻祖賓拉登

拾貳、政治研究

政治學方法論概說
西洋政治思想史概述
中國全民民主統一會北京行
尋找理想國：中國式民主政治研究要綱

拾參、中國命運、喚醒國魂

大浩劫後：日本 311 天譴說
日本問題的終極處理
台大逸仙學會

拾肆、地方誌、地區研究

台北公館台大地區考古・導覽
台中開發史
台北的前世今生
台北公館地區開發史

拾伍、其他

英文單字研究
與君賞玩天地寬（文友評論）
非常傳銷學
新領導與管理實務

2015 年 9 月後新著

編號	書　　　　名	出版社	出版時間	定價	字數(萬)	內容性質
81	一隻菜鳥的學佛初認識	文史哲	2015.09	460	12	學佛心得
82	海青青的天空	文史哲	2015.09	250	6	現代詩評
83	為播詩種與莊雲惠詩作初探	文史哲	2015.11	280	5	童詩、現代詩評
84	世界洪門歷史文化協會論壇	文史哲	2016.01	280	6	洪門活動紀錄
85	三搞統一：解剖共產黨、國民黨、民進黨怎樣搞統一	文史哲	2016.03	420	13	政治、統一
86	緣來艱辛非尋常－賞讀范揚松仿古體詩稿	文史哲	2016.04	400	9	詩、文學
87	大兵法家范蠡研究－商聖財神陶朱公傳奇	文史哲	2016.06	280	8	范蠡研究
88	典藏斷滅的文明：最後一代書寫身影的告別紀念	文史哲	2016.08	450	8	各種手稿
89	葉莎現代詩研究欣賞：靈山一朵花的美感	文史哲	2016.08	220	6	現代詩評
90	臺灣大學退休人員聯誼會第十屆理事長實記暨 2015～2016 重要事件簿	文史哲	2016.04	400	8	日記
91	我與當代中國大學圖書館的因緣	文史哲	2017.04	300	5	紀念狀
92	廣西參訪遊記（編著）	文史哲	2016.10	300	6	詩、遊記
93	中國鄉土詩人金土作品研究	文史哲	2017.12	420	11	文學研究
94	暇豫翻翻《揚子江》詩刊：蟾蜍山麓讀書瑣記	文史哲	2018.02	320	7	文學研究
95	我讀上海《海上詩刊》：中國歷史園林豫園詩話瑣記	文史哲	2018.03	320	6	文學研究
96	天帝教第二人間使命：上帝加持中國統一之努力	文史哲	2018.03	460	13	宗教
97	范蠡致富研究與學習：商聖財神之實務與操作	文史哲	2018.06	280	8	文學研究
98	光陰簡史：我的影像回憶錄現代詩集	文史哲	2018.07	360	6	詩、文學
99	光陰考古學：失落圖像考古現代詩集	文史哲	2018.08	460	7	詩、文學
100	鄭雅文現代詩之佛法衍繹	文史哲	2018.08	240	6	文學研究
101	林錫嘉現代詩賞析	文史哲	2018.08	420	10	文學研究
102	現代田園詩人許其正作品研析	文史哲	2018.08	520	12	文學研究
103	莫渝現代詩賞析	文史哲	2018.08	320	7	文學研究
104	陳寧貴現代詩研究	文史哲	2018.08	380	9	文學研究
105	曾美霞現代詩研析	文史哲	2018.08	360	7	文學研究
106	劉正偉現代詩賞析	文史哲	2018.08	400	9	文學研究
107	陳福成著作述評：他的寫作人生	文史哲	2018.08	420	9	文學研究
108	舉起文化使命的火把：彭正雄出版及交流一甲子	文史哲	2018.08	480	9	文學研究

109	我讀北京《黃埔》雜誌的筆記	文史哲	2018.10	400	9	文學研究
110	北京天津廊坊參訪紀實	文史哲	2019.12	420	8	遊記
111	觀自在綠蒂詩話：無住生詩的漂泊詩人	文史哲	2019.12	420	14	文學研究
112	中國詩歌墾拓者海青青：《牡丹園》和《中原歌壇》	文史哲	2020.06	580	6	詩、文學
113	走過這一世的證據：影像回顧現代詩集	文史哲	2020.06	580	6	詩、文學
114	這一是我們同路的證據：影像回顧現代詩題集	文史哲	2020.06	540	6	詩、文學
115	感動世界：感動三界故事詩集	文史哲	2020.06	360	4	詩、文學
116	印加最後的獨白：蟾蜍山萬盛草齋詩稿	文史哲	2020.06	400	5	詩、文學
117	台大遺境：失落圖像現代詩題集	文史哲	2020.09	580	6	詩、文學
118	中國鄉土詩人金土作品研究反響選集	文史哲	2020.10	360	4	詩、文學
119	夢幻泡影：金剛人生現代詩經	文史哲	2020.11	580	6	詩、文學
120	范蠡完勝三十六計：智謀之理論與全方位實務操作	文史哲	2020.11	880	39	戰略研究
121	我與當代中國大學圖書館的因緣（三）	文史哲	2021.01	580	6	詩、文學
122	這一世我們乘佛法行過神州大地：生身中國人的難得與光榮史詩	文史哲	2021.03	580	6	詩、文學
123	地瓜最後的獨白：陳福成長詩集	文史哲	2021.05	240	3	詩、文學
124	甘薯史記：陳福成超時空傳奇長詩劇	文史哲	2021.07	320	3	詩、文學
125	芋頭史記：陳福成科幻歷史傳奇長詩劇	文史哲	2021.08	350	3	詩、文學
126	這一世只做好一件事：為中華民族留下一筆文化公共財	文史哲	2021.09	380	6	人生記事
127	龍族魂：陳福成籲天錄詩集	文史哲	2021.09	380	6	詩、文學
128	歷史與真相	文史哲	2021.09	320	6	歷史反省
129	蔣毛最後的邂逅：陳福成中方夜譚春秋	文史哲	2021.10	300	6	科幻小說
130	大航海家鄭和：人類史上最早的慈航圖證	文史哲	2021.10	300	5	歷史
131	欣賞亞媺現代詩：懷念丁穎中國心	文史哲	2021.11	440	5	詩、文學
132	向明等八家詩讀後：被《食餘飲後集》電到	文史哲	2021.11	420	7	詩、文學
133	陳福成二〇二一年短詩集：躲進蓮藕孔洞內乘涼	文史哲	2021.12	380	3	詩、文學
134	中國新詩百年名家作品欣賞	文史哲	2022.01	460	8	新詩欣賞
135	流浪在神州邊陲的詩魂：台灣新詩人詩刊詩社	文史哲	2022.02	420	6	新詩欣賞
136	漂泊在神州邊陲的詩魂：台灣新詩人詩刊詩社	文史哲	2022.04	460	8	新詩欣賞
137	陸官 44 期福心會：暨一些黃埔情緣記事	文史哲	2022.05	320	4	人生記事
138	我躲進蓮藕孔洞內乘涼--2021 到 2022 的心情詩集	文史哲	2022.05	340	2	詩、文學
139	陳福成 70 自編年表：所見所做所寫事件簿	文史哲	2022.05	400	8	傳記
140	我的祖國行腳詩鈔：陳福成 70 歲紀念詩集	文史哲	2022.05	380	3	新詩欣賞

141	日本將不復存在：天譴一個民族	文史哲	2022.06	240	4	歷史研究
142	一個中國平民詩人的天命：王學忠詩的社會關懷	文史哲	2022.07	280	4	新詩欣賞
143	武經七書新註：中國文明文化富國強兵精要	文史哲	2022.08	540	16	兵書新注
144	明朗健康中國：台客現代詩賞析	文史哲	2022.09	440	8	新詩欣賞
145	進出一本改變你腦袋的詩集：許其正《一定》釋放核能量	文史哲	2022.09	300	4	新詩欣賞
146	進出吳明興的詩：找尋一個居士的圓融嘉境	文史哲	2022.10	280	5	新詩欣賞
147	進出方飛白的詩與畫：阿拉伯風韻與愛情	文史哲	2022.10	440	7	新詩欣賞
148	孫臏兵法註：山東臨沂銀雀山漢墓竹簡	文史哲	2022.12	280	4	兵書新注
149	鬼谷子新註	文史哲	2022.12	300	6	兵書新注
150	諸葛亮兵法新註	文史哲	2023.02	400	7	兵書新注
151	中國藏頭詩(一)：范揚松講學行旅詩欣賞	文史哲	2023.03	280	5	新詩欣賞
152	中國藏頭詩(二)：范揚松春秋大義詩欣賞	文史哲	2023.03	280	5	新詩欣賞
153	華文現代詩三百家	文史哲	2023.06	480	7	新詩欣賞
154	晶英客棧：陳福成詩科幻實驗小說	文史哲	2023.07	240	2	新詩欣賞
155	廣州黃埔到鳳山黃埔：44 期畢業 50 週年暨黃埔建校建軍百年紀念	文史哲	2023.08		5	歷史研究
156	神州邊陲荒蕪之島：陳福成科幻生活相片詩集					

陳福成國防通識課程著編及其他作品

（各級學校教科書及其他）

編號	書名	出版社	教育部審定
1	國家安全概論（大學院校用）	幼　獅	民國 86 年
2	國家安全概述（高中職、專科用）	幼　獅	民國 86 年
3	國家安全概論（台灣大學專用書）	台　大	（臺大不送審）
4	軍事研究（大專院校用）（註一）	全　華	民國 95 年
5	國防通識（第一冊、高中學生用）（註二）	龍　騰	民國 94 年課程要綱
6	國防通識（第二冊、高中學生用）	龍　騰	同
7	國防通識（第三冊、高中學生用）	龍　騰	同
8	國防通識（第四冊、高中學生用）	龍　騰	同
9	國防通識（第一冊、教師專用）	龍　騰	同
10	國防通識（第二冊、教師專用）	龍　騰	同
11	國防通識（第三冊、教師專用）	龍　騰	同
12	國防通識（第四冊、教師專用）	龍　騰	同

註一　羅慶生、許競任、廖德智、秦昱華、陳福成合著，《軍事戰史》（臺北：全華圖書股份有限公司，二〇〇八年）。

註二　《國防通識》，學生課本四冊，教師專用四冊。由陳福成、李文師、李景素、頊臺民、陳國慶合著，陳福成也負責擔任主編。八冊全由龍騰文化事業股份有限公司出版。